dtv

Mit der Liebe verbindet man gemeinhin alles mögliche – auch einen Englischsprachkurs? Werner Lansburgh hat entdeckt, wie wirkungsvoll das magische Knistern zwischen den Geschlechtern ist, will man eine Sprache lernen. So schuf er sich ein bezauberndes Mädchen, verliebte sich heftig in sie und schrieb ihr Briefe, in denen er in einer genialen Sprachmixtur spielerisch-witzige Englischlektionen erteilte. Die zarten Bande zu Doosie wurden fest und fester und der Autor – dank seiner Bücher 'Dear Doosie' und 'Wiedersehen mit Doosie' – endlich vermögend, so daß er nun eine traumhafte Sommerreise zu den schönsten Plätzen Europas mit seiner einst fernen Geliebten erfinden kann. Zum amüsanten und hintergründigen Sprachunterricht, von nie versiegender Geduld, Doosie (Du-Sie, der Leserin, dem Leser) auf die englischen Sprünge zu helfen, kommt nun ein wenig abendländische Bildung hinzu, aber vor allem die Innigkeit, Heiterkeit und Poesie einer Sommerromanze: high-class entertainment, instructive and compelling. Haben Sie das letzte Wort verstanden? Sie finden es gleich auf den ersten Seiten des Buches. Kommen Sie mit auf diese Reise als armchair tourist! Sie werden es kaum bereuen, you will not regret it.

Werner Lansburgh, 1912 in Berlin geboren und 1990 gestorben, hatte ein bewegtes Leben mit Heimatlosigkeit und Exil hinter sich, ehe er sich mit den Büchern 'Dear Doosie' und 'Wiedersehen mit Doosie' in die Herzen der Leser- und Leserinnen! – schrieb.

Werner Lansburgh

Holidays for Doosie

Eine Reise durch Europa
oder
Englisch mit Liebe

Mit 36 Zeichnungen des Autors

Deutscher Taschenbuch Verlag

Ungekürzte Ausgabe
April 1991
5. Auflage März 2001
Deutscher Taschenbuch Verlag GmbH & Co. KG,
München
www.dtv.de
Das Werk ist urheberrechtlich geschützt.
Sämtliche, auch auszugsweise Verwertungen bleiben vorbehalten.
© 1988 Hoffmann und Campe Verlag, Hamburg
Umschlagkonzept: Balk & Brumshagen
Umschlagfoto: © IFA/TPC
Gesamtherstellung: C. H. Beck'sche Buchdruckerei,
Nördlingen
Gedruckt auf säurefreiem, chlorfrei gebleichtem Papier
Printed in Germany · ISBN 3-423-20230-0

Again: for Doosie

Doosie [dusi] scherzh. Übers. des engl. "you", Mischform aus Du u. Sie, nach Werner Lansburghs engl.-dt. Romanzen: die Geliebte, der Leser

Duden, Rechtschreibung,
32. Auflage (1998)

Where we are going to be

ASCONA 9 · ROME 31 · PORTOFINO 60 · PARIS 70
IN THE LOIRE VALLEY 94 · BASEL 106
MARBELLA 132 · ALHAMBRA 138 · MADRID 142
TOLEDO 154 · BY A SWEDISH LAKE 159
STOCKHOLM 171 · UPPSALA 182 · LONDON 188
OXFORD 214 · AN ENGLISH VILLAGE 222
CAMBRIDGE 228 · BERLIN 236 · HAMBURG 256
FLORENCE 262 · VENICE 276 · SAMOS 282
ATHENS 293 · JERUSALEM 300 · WORPSWEDE 312

ASCONA

The Whys and Wherefores

Dear Doosie,
glauben Sie, daß man mit 76 eine – well, do you think one can write a love story at seventy-six?

Wenn man in *dem* Alter noch will, dann kann man auch, hat mir einmal ein Freund mit leiser Ironie gesagt – "if only one wants to".

I want to.

Der Grund – the reason why I want to is obvious. Bitte ·obvious· merken, herrlich nützliches Wort, deshalb von Pünktchen als Wichtigkeitssignal umgeben: ·obvious·, Aussprache *óbvi(e)s*: einleuchtend, klar, selbstverständlich.

As I said: Der Grund, warum ich eine Liebesgeschichte schreiben will, und zwar eine mit Ihnen als Leser, Doosie – that reason is obvious: Ich liebe Sie. This, too, is obvious: you have given me the sweetest of all homes, a raison d'être, einen Lebenszweck, and at the same time plenty of money.

Lassen Sie mich das erklären, let me explain: after almost fifty years of miserable exile, *éksail*, from Germany, since the days of Hitler, it was you who made it possible for me to return to my home country, at the age of seventy, to work as a writer at last. Yes, Doosie, ja, Du-Sie – als Leserin meiner Bücher haben Sie, hast Du, diese späte Rückkehr in meine Heimat ermöglicht. Über eine halbe Million Exemplare, ʻcopiesʻ, sind nun verkauft, und damit ist mein Aufenthalt in Deinem und meinem Land finanziell gesichert – ʻthanks toʻ you, dank Deiner Hilfe (bitte ʻthanks toʻ merken). At home again, at last! Let me embrace you, *imbreis*, umarmen.

Forgive this sentimental ʻgushʻ, Gefühlserguß. Doch jetzt, wo Du meinem *Heimweh* so lieb entgegengekommen bist, ist es an der Zeit, it's about time, daß ich an Dein *Fernweh* denke, als kleiner Gegendienst. In other words, let's make a tour of Europe. Wir können uns eine solche Reise leisten – bitte, Doosie, "leisten" auf englisch – na? . . . . . . We can ʻaffordʻ such a trip, *(e)fó-d*. Wir können uns sogar ein Appartement im Pariser Ritz leisten, we can afford that too, wenn uns danach ist, if we feel like it (aber vermutlich ist uns gar nicht danach), or at the Dorchester in London. Remember: over half a million copies sold. ("What is a writer without readers?" Answer: "Poor." – Benjamin Disraeli, I believe.)

Ich kann mich also endlich bei Ihnen revanchieren, Doosie dear. Wobei ich allerdings nicht recht weiß, wie ich "revanchieren" übersetzen soll: "pay back" oder "repay" klingt zu sehr nach kalter Verrechnung, "make up for it" ist schon besser, aber erinnert ein bißchen an Schadenersatz, und "compensate" ist's schon gar nicht.

Doch, ich hab's! Revanchieren: ˈreciprocateˈ, *risi-*
usw.

Well then, Doosie, so much about ˈthe whys and whereforesˈ of this book, soviel über das Warum und Weshalb. Hoffentlich paßt Ihnen mein Vorschlag. Besides, außerdem: not only have we lots of money – we also have plenty of time.

"Nein, mein Lieber, ich habe nur noch drei Wochen Urlaub dieses Jahr."

Ihr Einwand gilt nicht, Doosie, your objection doesn't count. Wir sind nämlich im Reich der Phantasie, in the realm, *relm*, of imagination, and in this realm-*relm* I herewith (hiermit) give you a glorious spring, summer and autumn to see the nicest places in Europe we can think of – "the Grand Tour", wie das einstmals bei betuchten Engländern hieß. Nur eines brauchen Sie dazu: the one thing you need is an armchair, Sessel, to be a true ˈarmchair touristˈ. Call it "A Sentimental Journey", which is a lovely novel by Laurence Sterne, *stö–n*, simply ˈcompellingˈ, "zwingend", unwiderstehlich, written some two hundred years ago. Wobei ich zu beachten bitte, daß das englische "novel" auf deutsch ein *Roman* ist, keine *Novelle*. "Fremdwörter sind Glückssache", besonders im englisch-deutschen Wechselspiel.

Allow me – erlauben Sie mir eine kleine Anfrage: Geliebte, wie weit sind Sie eigentlich mit dem Kofferpacken?

"If you – if you . . ."

I see what you mean. If I weren't talking so much all the time, keeping you from concentrating, dann wärst Du schon lange fertig.

"Wrong, my dear Werner, W, *double-you*, I'm *un*-packing already."

Sie packen also schon aus. Großartig! Und wo, wenn man fragen darf?

"Nice!"

Nein, Doosie, jetzt haben Sie Ihr eigenes Wort falsch gelesen, it's not nice at all. "Nice", *ni-s*, ist "Nizza" auf englisch. That's what you said, isn't it? Dort wollen Sie also auspacken. Aber da spiele ich ganz einfach nicht mit, Doosie, it's completely out of the question. Ich habe keine Lust, mit Dir auf einer zu Tode asphaltierten Promenade des Anglais, obendrein noch im Oktober –

"It's not October, Double-you. It's lovely May. Please remember what you said about the 'realm-*relm*' of imagination or what it was."

Your English is faultless, darling, fehlerlos. I can only hope that you understand it. Im übrigen, for the rest, schlage ich Ihnen einen echt englischen Kompromiß vor, a truly British compromise: Setz Du nur Deinen Kopf durch, ˙have it your own way˙, von mir aus also Mai, but let's ˙clear out˙ of bloody Nice-*nieß*, nur raus. Was sagst Du statt dessen zum Tessin, Schweiz, il Ticino, Lago Maggiore? Ever heard of Ascona? It's a lovely place.

"Soll ich also alles wieder einpacken?"

Not necessary, Doosie dear. Laß Deine Siebensachen einfach liegen, chaotisch auf dem Boden verstreut, scattered on the floor, und laß den Rest nur meine Sorge sein, ˙leave that to me˙, wenn Sie nur mit Ascona einverstanden sind.

--- (Leises Schmollen, sulky silence)

Thank you, Doosie, sweet of you. Now, tell me, how do you like it?

"What?"

Ascona, dear.

"Was soll ich sagen, wo wir erst eine halbe Sekunde hier sind?"

Look out of the window then.

"Ich kann überhaupt nichts sehen, Doubleyou. It's dark outside, and midnight."

No, Doosie, it's midday.

"Midnight, W!"

Midday, Doosie!

"Macho!"

Good, Doosie! Ein Chauvi heißt auch auf englisch "macho", und in dieser großkotzigen Eigenschaft habe ich – I have booked a dream apartment all of our own, ganz für uns allein, with ˙French windows˙, "Fenstertüren", and a large terrace, in a de-luxe hotel right on the top of the Ascona mountain, the Monte Verità, "Berg der Wahrheit" – ˙we can afford it˙. Two rooms, one for you and one for me, and a connecting door, Verbindungstür, between them, just in case ... (Bitte lernen, Doosie: ˙just in case˙, im Fall der Fälle.)

See the moon over Lago Maggiore? Yes, Doosie, it's

midnight, ·have it your own way·, ich gebe nach. Und man kann ruhig "see the moon . . .?" fragen, ohne Dein "*do you* see . . .?"

See the stars and those lights from the Isole-islands of Brissago over there, darling, and the flicker-Flackern of the lights from the village of Ronco up there?

Stell Dir das mal morgen vor, with the sun rising, beim Frühstück auf der Terrasse . . . Sag mal, sind Sie auch ein Terrassenmensch, Doosie?

"Yes, I am a terrace-human-being, Doubleyou, if that's English."

It isn't. Ich liebe Dich.

P.S.

As you see, this is a postscript. Sein Zweck, purpose, *pö͞-p(e)s* (poor you!) – sein Zweck, heute und späterhin: noch ein bißchen Schwatz, vor allem aber ein paar sachliche Wiederholungsübungen, repetitions, meistens fünf an der Zahl, *which you are free to ˙skip˙*, die Sie überspringen-auslassen-schwänzen dürfen: ˙skip˙.

Die Sache ist also völlig freiwillig. Können Sie "freiwillig" übersetzen? Versuchen Sie's mal. – Sagten Sie "voluntary"? Not so good. In this case, the best word is *optional*.

This repetition, then, is optional or entirely ˙up to you˙, ganz Deine Sache. Here we go:

1. Ich schrieb, wir könnten uns eine Traumreise durch Europa "leisten". Bitte übersetzen Sie: "Wir können uns das leisten."

2. Ich darf Dich um ein sehr häufig vorkommendes und gutes englisches Wort für "auf der Hand liegend, klar, offenbar, selbstverständlich" bitten. Das Wort kam sogar mit zwei Pünktchen als besonders wichtig vor (aber auch Worte ohne Pünktchen werden abgehört, also aufpassen, Geliebte!) – und zwar kam es ganz am Anfang unserer Begegnung vor. Also bitte: klar, offenbar.

3. "Sich revanchieren", auf englisch bitte. Erinne-

rungsstütze: ich freute (und freue) mich schrecklich darüber, terribly, daß ich mich bei Dir als Dank für meine Rückkehr in die Heimat mit einer schönen Reise revanchieren darf. Also bitte: "sich revanchieren". Kompliziertes Wort, hat was mit dem deutschen Fremdwort "reziprok" zu tun. Zuviel verraten?

4. "Roman", bitte auf englisch. Kam bei dem guten Laurence Sterne, "A Sentimental Journey", vor. Auch hatten wir das schon vor Jahren einmal, in one of my earlier books, aber es geht nichts über Wiederholung – there is nothing like repetition, besonders bei Fremdsprachen und Sex.

5. Wie heißen diese wunderschönen, bis zum Fußboden hinuntergehenden Fenstertüren unseres Appartements auf englisch?

Unten ist Platz – below, there is space for your answers, *á–ns(e)z*, wobei der Akzent über dem *a* die Betónung angibt (engl. stress), der Strich die Länge des Voka-ls, und das z ein tönend zummendes Zäuseln, wie etwa das Säuseln des Lago Maggiore vor uns oder das S in "See". Und schließlich das eingeklammerte, weil "flüchtige" *(e)*: "Butter", deutsche Aussprache *bútt(e)r*; englische Aussprache *bátt(e)*: Womit wir übrigens so gut wie alle Regeln unserer Lautschrift hinter uns haben, wenn "Lautschrift" das rechte Wort für meine primitive do-it-yourself phonetics ist.

To make it difficult for you to ·cheat· – um Ihnen das Mogeln zu erschweren, you'll find the correct answers to questions 1–5 hidden-versteckt on page 53; but please try to write your own answers before looking at that page. Here is enough space for them:

Für ein PS wie dieses gehört sich eigentlich auch ein kleiner Nachtrag darüber, wie das heute nacht war, mit der connecting door between our two rooms. Aber das erübrigt sich wohl, it's superfluous, denn erstens wissen Sie das ja genausogut wie ich, und zweitens: Diskretion erhöht die Spannung, discretion-*diskréschn* heightens the -- können Sie mir bitte "Spannung" übersetzen?
"Tension"
That's an electric term, Doosie, or a word expressing strained-gespannte relations. Haben Sie das aus Ihrem Taschenwörterbuch? Vielleicht wußten die nichts Besseres, das deutsche Wort "Spannung" soll ja schwer zu übersetzen sein. Well, well, just say, for our connecting door, "thrill" or "kick" or (besonders pikant-kitzelnd) "titillation", um nur ein paar englische Wörter mit "i" zu wählen. Ohne i, und oft sehr gut: ˙suspense˙.
Hast Du die Antworten auf Seite 53 gesucht? I bet – ich "wette", ich bin sicher – ˙I bet˙ you were disappointed, enttäuscht. Here they are: 1. We can afford it. (Kommt im Ernst des Lebens allerdings leider meistens in negativer Form vor, z.B."I can't afford it".) 2. obvious. 3. reciprocate. 4. novel; eine deutsche "Novelle" is a short story or a novella. 5. French windows.

Ist es nicht herrlich hier, vor unseren French windows auf der Terrasse, mit Blick auf Ascona, am Frühstückstisch? Frühstück! Frühling des Tages!

Guten Morgen, Geliebte *gú-t(e)n mó-ag(e)n* – es gibt keine schönere Musik als diese zwei Worte, keine heimatlichere, at least on a Sentimental Journey.

Das Wetter darfst Du Dir aussuchen. There is no weather like imagination.

STILL IN ASCONA

Having it Both Ways

Sie werden hier allenthalben hören: "Das alte Ascona gibt's nicht mehr", Ascona is no longer what it was. Damit ist das Ascona um 1933 herum gemeint, die erste Station prominenter Hitler-Emigranten, mostly artists and intellectuals – people like Stefan Zweig, the writer, Oskar Kokoschka, the painter, Mary Wigman, the dancer, and many others.

Dazu erstens: "dancer" ist Tänzer und Tänzer*in*, genauso wie z.B. "friend" sowohl Freund als auch Freundin ist. Im Englischen herrscht Gleichberechtigung der Geschlechter. (Außerdem, moreover: English is a discreet language: "I saw a friend", sagte der englische Ehemann, als er frühmorgens ins eheliche Schlafzimmer zurückkehrte.)

Und zweitens: "The writer Stefan Zweig" bedeutet "(irgendein) Schriftsteller namens Stefan Zweig". Aber "Stefan Zweig, the writer" bedeutet "der bekannte Schriftsteller Stefan Zweig".

Hermann Hesse, Stefan Zweig, Paul Klee, Thomas Mann – das meint man also heute mit dem "alten Ascona". Nun, ich war da, um 1933 herum, ebenfalls als Flüchtling (engl. refugee, *refjudji*), und da hieß es allgemein unter den Alteingesessenen: "Ascona is no longer what it was", womit man die Künstlerkolonie Ascona um die Jahrhundertwende herum meinte, around the turn of the century. Bitte "century" merken, Jahrhundert, *séntschuri*, wird im PS abgehört, darling.

Damals, around the turn of the century, wimmelte es hier von deutschsprechenden Nudisten, Natur-Aposteln, Anarchisten, Dadaisten. Das waren etwa die Grünen von damals, wobei ich Dir gern eine Übersetzung für "Grüne" geben möchte. Schwer. Die bundesdeutschen Grünen heißen in England "the Greens"; die englischen wohl meistens "environmentalists", "Umweltler". (Umwelt: environment, *invai-*, und Umweltverschmutzung: ·pollution·, *p(e)lú-*.) Auch sollte ich Dir "es wimmelte von" Nudisten usw. übersetzen, oder versuchst Du's lieber selber? Na?......The place was swarming, *swó-min(g)*, with nudists, *njú-dists*. (Du sagtest wohl "crowded with nudists", das geht auch ganz gut.)

Well, in those days, in the early 1900s – please read: "nineteen hundreds" – I ·fancy· (I imagine) that the natives-Eingeborenen of a little unknown fishing village called Ascona, when seeing all those German-speaking nudists, anarchists and Dadaists, certainly said "Ascona non c'è più" or, in English, "Ascona is no longer what it was".

If you ask me – gute Redensart, bitte merken – ·if you ask me·, Doosie, Ascona hasn't changed much in all these years. Gewiß, die schönen Villen am Lago

Maggiore und an den Abhängen des Monte Verità, die sind heute sicherlich ein Schickeria-Treff, a 'haunt', Nest, of German tax dodgers, Steuerhinterzieher, bestseller authors like... na, lieber keine Namen, et cetera. And in the countless-zahllos cafés on the Piazza with its beautiful plane trees, Platanen, in diesen Cafés wimmelt es von, they are 'swarming with' the Joneses and Browns (Otto Normalverbraucher) from the Federal Republic of Germany or much better, gewöhnlicheres Englisch: from West Germany. Including ourselves, Doosie.

Und dennoch, even so: the charm of this lovely village on that beautiful lake is altogether unchanged. Ich glaube, der Reiz Asconas besteht in der fast einzigartigen Kreuzung zwischen Nord und Süd: Braun brennen, ohne schwarz zu werden; sich den Luxus gönnen, fast noch zu Hause und doch ganz woanders zu sein, an fremden Schicksalen gleichsam zu nippen. Oder wie Tucholsky so herrlich sagte: "Vorn die Ostsee und hinten der Kurfürstendamm, das könnte dir so passen." We have it here, Doosie: welche Verwöhntheit! "You can't have it both ways", as they say in English. Oder: "You can't eat your cake and have it." We can, Doosie!

That's why I brought you here. Gib mir mal einen Kinderkuß.

Danke. Ach, wie schlecht hat man doch in seinen besten Jahren geliebt...

Du siehst ein bißchen bedeppert aus, Doosie, a little crestfallen. Hast Du ein schlechtes Gewissen, a ˈguilty conscienceˈ, *kónsch(e)ns*, ob unserer Luxusexistenz hier oben auf unserer Terrasse und der Misere der Welt in der Ferne? Well, sweetheart, ein gutes Gewissen, a ˈclear conscienceˈ, können wir nicht *auch* noch haben, das wäre denn doch ein bißchen zuviel des "having it both ways". Or do you think I'm cynical?

Wie? Nein, bitte richtig aussprechen, Doosie: *sinnikl*.

"Ich hab überhaupt nichts gesagt, Doubleyou, not a word!"

Never mind, Doosie, ist schon gut. Aber sobald wir mit dem Frühstück fertig sind, habe ich einen Vorschlag, a suggestion (bitte nicht: "a proposal", that's much too formal), und zwar einen Vorschlag für einen kleinen Ausflug: it's less than an hour's walk up to Ronco, the little village you see up there in the mountains – a fascinating walk, having all the time a ˈgorgeousˈ, *gó–dj(e)s*, herrlich, view of Lago Maggiore. Wollen wir? (Mein armseliges Lautschrift-*dj*, zum Beispiel eben in *gó–dj(e)s*, bitte immer dickflüssig aussprechen wie in "John" oder "jelly", *djélli*, Gelee.)

Kannst Du ein bißchen langsamer gehen? I'm an old man. Danke. Achtung, da ist ein Loch, don't slip, darling.

Kannst Du das übersetzen? Ich meine "Achtung, da ist ein Loch" (Loch heißt: hole. Weiter helfe ich Dir nicht.)

·Mind· the hole!

— Hier rechts, der Zeitungskiosk, the newsstand to your right, den gibt's also immer noch. Damals, um 1933 herum, hatte ich hier ein reizendes Gespräch mit Erich Maria Remarque ("Im Westen nichts Neues", auf eng-
— lisch: "All Quiet on the Western Front"). I was standing at this newsstand in a ·queue·, *kju*, Schlange, and by mistake, aus Versehen, I trod (or stepped) on some- body's foot. Looking up I saw that the foot was Erich Maria Remarque's. I said "Oh, 'tschuldigung". Re-
— marque sah mich zerstreut an – zerstreut: distrait, *distrei*, oder absent-minded – und sagte abwesend: "Macht nichts."

That was my great conversation with Erich Maria Remarque. Since then I always ·refer· to him (speak of him) as "mein Freund Remarque". Pity it wasn't Thomas Mann, wie schade. ("My friend Tommy." Auf
✦ englisch nennt man derlei Angeberei ·name-dropping·.)

An jenem Tage vor dem Zeitungskiosk, newsstand, war ich, wie jetzt wir, auf dem Wege nach Ronco. I remember this even today, ·for·, denn, ·for·, denn (Du sagst mir zu oft "because", Geliebte) – for I was on
— my way to see the curate of Ronco church. "Curate", *kjú–r(e)t*, ist eine Art zweiter Pfarrer, einen ersten oder
— "vicar", *vík(e)*, gab es in dem kleinen Ronco nicht.

The reason why I went to see the curate of Ronco was Giuseppe Klotsch, a classmate of mine in Berlin, ein Klassenkamerad, and still a close friend (he is seventy-seven, now, poor chap). His grandmother had been an Italian-Swiss, Daniela Picotti born at Ronco, and Giuseppe Klotsch needed an *Arierschein* (unübersetzbar) to be able to continue his studies in Hitler's Third Reich. He had written to the curate, asking him to certify that his grandmother was baptized, getauft, but had received no reply. So he asked me to see him personally to get that certificate out of him.

"Zuviel Englisch auf einmal, Doubleyou!"

Sehr behutsames Englisch, Doosie. Ich denke bei jedem Wort an Dich; vertraue mir, Geliebte, und kauf Dir ein Wörterbuch. May I go on?

The curate, a little sweet man, told me he was against it, war also gegen eine Bescheinigung. He wouldn't help the Nazis, he said. Erst als ich ihn beschwor und sagte, daß ich selber kein Arier sei (I am a christened Jew, *dju*, ein getaufter Jude), and that Hitler had driven me out of my country, da ließ er sich erweichen und bestätigte –

– Doosie, vergiß nicht, nach links zu gucken: dieser großartige, gorgeous, *gó–dj(e)s* – dieser großartige Blick auf den See, über die Berge, bis hin nach Italien. Do you smell the mimosas to your right?

"I do, Doubleyou, I've got a ·nose·!"

Nun gut, der Mann Gottes ließ sich erweichen, weil ich doch Jude, Christ und Nichtarier war – he ·came round· to certify in writing that Daniela Picotti, born in 1851, was christened (or baptized) at Ronco on July 2, 1852. Sorry, Doosie, für Sie als vermutlich Jüngere mag dieser ganze Arierquatsch von damals schwer verständlich sein, but my friend Giuseppe Klotsch was overjoyed, selig, ˙for˙, denn, ˙for˙ he could now prove, beweisen, *pru–v*, that all his grandparents had been Christians and ˙hence˙ (consequently, therefore) he was an "Aryan", *é–ri(e)n*. Er wurde dann auch unter Hitler Staatssekretär und rückte in der Bundesrepublik zum Minister auf . . .

Wollen wir das nicht feiern? Let's celebrate it, *séllibreit*! Da drüben siehst Du ja schon die Kirche des lieben, sicher schon seit langem toten Curate (God rest his soul!), und hier links, in dem kleinen Vorgarten dieser Taverna, da setzen wir uns hin. Let's have a nice wine of this region, *un vino del paese*, plenty of wine in a ˙huge˙, *hju–dj*, riesengroß, bottle. "We can afford it" – remember? Wir haben ja viel zu toasten – to the curate, to Giuseppe Klotsch, and to us. (Please note the comma before "and".)

Und somit bitte ich Dich, Dein Glas zu heben: This is to us, Doosie. Cheers!

P.S.

Wo wir gerade diesen kühlen, erdigen Tessiner Wein genießen, Doosie, sprechen Sie mir das englische "wine" zu halbherzig aus. Sie sagen *Vain,* nicht *Wain,* Sie sprechen das englische w wie in "Weihnachten" oder eben im *deutschen* "Wein" aus, mit Oberzähnen auf der Unterlippe, statt *beide* Lippen zu benutzen ("*bi* labial"; W = *double* you!) – wie bei einem deutschen *b,* nur eben dieses "b" beim englischen W leicht mit etwas Luft durchblasen: *Wain.*

"Aber ich sage es ja, Doubleyou, ich sage ja *Vain.*"

Wain, Doosie!

"Na eben, *Vain!*"

Hörst Du denn nicht, Doosie, daß es bei Dir anders klingt? Say *Wain!* "Durchblasen"! *WWain!*

"*Vain.*"

OK, Doosie, never mind. ·Never mind·, das kennst du ja wohl, "macht nichts", oft aber auch im Sinne von: "da ist nichts mehr zu machen", "da ist Hopfen und Malz verloren" – herrlich englisch. Du kennst diesen Ausdruck höchstwahrscheinlich, aber wie oft *gebrauchst* Du ihn? Learn the things you know! Weshalb jetzt abgehört wird, Geliebte:

1. Jahrhundert. Kam vor, als wir vom "alten" Ascona sprachen. Ach ja, bitte auch: Jahrhundertwende.

2. Was unsere Luxusexistenz auf dem Monte Verità betrifft, so sprachen wir von "schlechtem Gewissen" und von "gutem Gewissen". Bitte um beides.

3. "Sieh Dich vor, da sind Stufen" (steps) – bitte ohne Dein ausgefahrenes "attention!".

4. Als ich Erich Maria Remarque auf die Füße trat, stand ich in einer *Schlange*. Bitte um dieselbe, mit Aussprache. Ist ursprünglich ein französisches Wort, wird aber sehr englisch ausgesprochen.

5. Ein beliebtes englisches Sprichwort, das ungefähr besagt, man könne nicht alles auf einmal haben, also "entweder – oder". Hat etwas mit Kuchen (cake) zu tun.

Just take a piece of paper and a pencil, diesmal gebe ich Dir keinen Zwischenraum zum Schreiben.

The answers are hidden away, as usual. Während Du Dich mit ihnen abquälst und ich angesichts des Ronco-Kirchleins da drüben an meinen curate, *kjú–r(e)t*, denken muß, fällt mir der Ausdruck "the curate's egg" ein. Sehr gebildete Leute, vor allem wohl aus der älteren Generation, sagen höchst diplomatisch und sehr diskret, wenn sie eine Sache nicht besonders billigen, "It's like the curate's egg". Sag Du's also auch, wenn Du höflichst an einer Sache etwas auszusetzen hast, an der CDU zum Beispiel oder an der SPD – sag einfach "It's like the curate's egg", mit leichtem Lächeln, with a faint smile. Und wenn Dich dann Dein Gesprächspartner, vielleicht sogar ein Engländer, nicht versteht, dann hast Du einen erstklassigen Gesprächsstoff, a first-class subject of conversation, und kannst auf deutsch oder möglichst auf englisch die Geschichte erzählen, die dahintersteht – it appeared in "Punch", the British humorous and satirical magazine, almost a hundred years ago, and the cartoon became famous. The 'gist', *djist*, Kern, of the cartoon is this:

Mr Jones, a young curate – wie gesagt ein kleiner Hilfspfarrer – made his first visit, Antrittsvisite, to see his Bishop, with his heart beating. It was in the morning, and the bishop asked him to stay for breakfast. So they both sat down at the table.

> The Bishop: "I'm afraid you've got a bad egg, Mr Jones!"
> The Curate: "Oh, no, my Lord, I assure you (versichere Ihnen): parts of it are excellent!"

Excellent "in parts", ein *teilweise* ausgezeichnetes Ei – Doosie, please don't say that our holidays are 'like the curate's egg', but *do* say – hier in umgekehrter Reihenfolge, um Dich vom Mogeln-cheating abzuhalten: 5. "You can't eat your cake and have it." Übrigens hatten wir noch eine andere, ebenso populäre Redewendung: "You can't have it both ways." 4. a queue, *kju.* 3. "Mind the steps." 2. a guilty (or bad) conscience / a clear conscience, *kónsch(e)ns*. Wissen Sie übrigens, was "schuldig" heißt? Soeben vorgekommen: guilty, *gílti*. Und schließlich: 1. century, *séntschuri*; the turn of the century.

See the sun setting over the lake, Doosie? The day has gone.

Am Ende eines schönen Tages sagt man in Schweden oft zueinander: *"tack för idag"*. It's a lovely expression. In translation – it's not the best English, I know, but let me say it nevertheless, trotzdem:

Thank you for today, Doosie.

ROME

The Immortal Letters

'I see your point', Doosie, ich verstehe Sie. Ich selber wäre vielleicht lieber von der Schweiz nach Rom geflogen, it's so much quicker by air, aber wenn man wie die liebe Doosie nur einmal im Leben mit dem Schlafwagen gefahren ist, in a sleeper, and that at the age of seven –

"Ich war vollkommen glücklich damals in meinem Schlafwagenbett, Doubleyou – wie heute nacht wieder. Die Geborgenheit im fahrenden Zug, die Nestwärme mit Vater im oberen Bett ... Was heißt 'Nestwärme' auf englisch, W?"

Difficult! Simply "warmth" perhaps, or rather "togetherness". Dieses warme Gefühl, gleichsam in einem gemeinsamen, fahrenden Schlafsack zu liegen, in a common sleeping bag that quietly moves along: Togetherness. It has much to do with tenderness, Zärtlichkeit. What is sex compared to tenderness!

"Hast Du das auch in jüngeren Jahren gesagt, Doubleyou?"

Und dann ist ja auch der *Übergang* soviel schöner im Zug, the 'gradual' transition (*grädju(e)l*, allmählich). In a plane ("aeroplane") everything goes so quickly, while in a train ... remember our 'gradual' approach, unsere allmähliche Annäherung, to the rolling-hügelig Campagna, to Rome, and now, with that cut-throat taxi driver, diesem Halsabschneider, to the Forum Romanum?

"Stop talking, Doubleyou, und schau Dir lieber die herrlichen Säulen hier an. 'Tempel des Castor und Pollux', sagt mein Reiseführer. Sind die eigentlich ionisch, die Säulen?"

Well, Doosie, I can give you a good tip on how to distinguish-unterscheiden the three kinds of columns, *kóll(e)mz*, Säulen, "Kolumnen". Du kannst damit "angeben", you can ·show off· with it, wenn Dir daran liegt, if you care to. ·Anyway·, wie auch immer, Freunde und Bekannte sind stets von meiner gründlichen Kenntnis der Säulenstile tief beeindruckt, deeply impressed. Do you know where I got this wisdom from, diese Weisheit?

Sagtest Du "Jacob Burckhardt"? Congratulations upon your education, Doosie. Nein, es war nicht dieser große Schweizer Kunsthistoriker, sondern *Der heitere Fridolin*, a children's magazine of the 1920s which I read ·religiously· (word by word) when I was nine or ten. And in one of the issues, *íschuz*, Nummern, I saw this:

Doric – Ionic, *aiónnik* – Corinthian. For the rest, im übrigen, 'for the rest', I am pretty 'fed up', die Nase voll, with all these columns lying about here in the Forum Romanum, like *Sperrmüll.*

"Shut up, Doubleyou!"

Gut, Doosie! 'Shut up', "halt's Maul!" Even so, Doosie, trotzdem, even so: Ich bin dafür, daß wir diese Säulenreste links liegen lassen und uns ein paar Triumphbögen, arches, auf dem Forum ansehen: one of them is right over there.

Voilà, the Arch of Titus. Siehst Du was, Doosielein?

"Na ja, diese Männeken da oben auf dem langen Fries. Hübsch."

Guck mal näher hin, auf das große Feld über dem Fries, siehst Du was?

"Nur Buchstaben."

Nur, Doosie, *nur*! Bist Du so dumm oder tust Du nur so?

"Ich tu nur so."

Also erstens: "so tun" heißt 'to pretend', und zweitens: Diese Lettern sind für mich so ungefähr das Großartigste, was es in Rom zu sehen gibt: *unsere* Buchstaben, völlig unverändert, here, two thousand years ago. Just look at the words on this Arch – the "V" reads like an "U":

SENATVS POPVLVSQVE ROMANVS . . .

The Senate and the People of Rome. Doosie, mir wird ganz feierlich zumute. Hier ist die Wiege unserer Schrift, the cradle of our written word, and of most

European languages: Vor Dir die lateinische Sprache, von der das Französische seine logische Strenge, das Italienische seine Melodie, das Spanische seine Männlichkeit und das Englische seinen Reichtum hat. Und wie schön, wie ebenmäßig sind diese Lettern, these characters (Du kannst auch "letters" sagen), so lapidar in Stein gehauen, als wenn es erst gestern gewesen wäre – unsterblich. The immortal letters. Das nenne ich ·continuity·! Es ist eines der schönsten Wörter, die ich kenne, etwa "ungebrochene Tradition", "organisches Wachstum", und zeichnet übrigens im traurigen Gegensatz zu Deutschland ganz besonders unser liebes England aus: Continuity, *kontinjú–(e)ti.*

"Ich bin hungrig, W!"

Gut, aber komm erst mal hier herein, unter den Titusbogen, die Seitenwand hier: the relief, *rilí–f,* showing Roman soldiers after their victory over the Jews, Juden, carrying the holiest Jewish object: Sie tragen die Menora, den siebenarmigen Leuchter, geraubt aus dem Tempel zu Jerusalem. Es gab nur eine einzige Menora, eben diese. Nie hätten wir erfahren, wie sie aussieht, wenn sie hier nicht abgebildet wäre. Sorry, Doosie, aber mir wird wieder ganz feierlich zumute. I feel awestricken, ehrfürchtig fast. At home, I have a copy of the menorah standing under a crucifixion, Kreuzigung, by Matthias Grünewald. ·After all·, schließlich und endlich, ·after all· I am a christened Jew ... Wo gehst Du denn hin, Doosie?

"Hier den Hügel rauf, weil es dort vielleicht –"

– good idea. Der Palatin. Die Farnesischen Gärten. The view! Rome beneath us, in the setting sun of May! I love you, Doosie. Diese Farben, das ist Rom: die lichten, sonnengebräunten Ziegel der zahllosen Dächer – the sunburnt tiles of countless roofs, die Wände und Mauern, die Farben Gelb, Orange, Ocker, Sepia, verblichen, verwaschen, silbergolden gemischt von der glühenden Sonne unzähliger Sommer, ein Kunstwerk aus Terrakotta, ja wörtlich: "terra cotta", "gebrannte Erde". This symphony in Yellow, Orange, Ochre, Sepia – it's the Symphony of Rome.

Gewiß, nicht alles ist so wunderschön. Der marmorweiße Koloß dahinten zum Beispiel. Sieht aus wie ein riesiges künstliches Gebiß, like a gigantic denture. It's the bombastic Victorian monument for Victor Emmanuel II, den Einiger Italiens – wobei ich Dich zu beachten bitte, daß nach der II im Englischen kein Punkt steht: William II for instance, Henry VIII –

"I AM HUNGRY, Doubleyou!"

Dagegen gibt's ein Mittel, Doosie, that can be helped. Let's go to the *Cisterna* ('we can afford it', thanks to you), a very nice restaurant in Trastevere, the most "Roman" district of Rome. I feel like – mir ist nach – ·I feel like· a *bistecca di manzo*, a beefsteak (excellent in Italy), perhaps ·to go with· an *insalata russa*, "Russian salad", zu deutsch: italienischer Salat. Dazu schlicht und recht einen guten Chianti. And afterwards, for dessert (ganz weich ausgesprochen, mit tönendem z: *dizö–t*) – for dessert you simply *must* have a Zabaione, *dzabajó-n(e)*, ein göttlicher Weinschaum, warm serviert – the best thing I know on earth. It's an Italian speciality, Marsala wine beaten-geschlagen with –

"I'm *hungry*, Doubleyou, stop talking and call a taxi, PLEASE!"

P.S.

Cheers, Quindici, prost!

"Quindici, W?"

I feel like calling you Quindici, *kwíndītschi*, italienisch "fünfzehn", weil's so süß klingt. Paßt zu Dir, it suits you perfectly. At least as long as we are in Italy. Darf ich, may I, Quindici?

"You may, Quattordici."

Na, schmeckt der Zabaione? Um Ihnen diesen köstlichen Nachtisch nicht zu vermiesen, Doosie – not to spoil your dessert, *dizȫ-t*, schlage ich Dir heute eine neue Art von Wiederholungsübung vor: Let us simply think things over, laß uns ganz einfach die Dinge überdenken, die vorkamen – in Ruhe, ohne "Abhören". OK, Quindici?

"Mir kann's nur recht sein, Doubleyou, I am lazy by nature."

Gut. Also los: 1. Da hatten wir das schöne, für die bedächtige englische Mentalität sehr typische Wort "gradual", allmählich, Schritt für Schritt, *grädju(e)l*. If you remember, we spoke about the gradual transition, den allmählichen Übergang, when travelling by train.

2. Dann hatten wir ein so einfaches Wort wie "sleeping bag", Schlafsack. Bitte ohne Bindestrich, without a

hyphen, *haifn*, zwischen "sleeping" und "bag", Bindestriche wirken oft pedantisch. Unsere zweisprachigen englischen Wörterbücher wimmeln von – they're swarming with! – diesem Zeug, laß das bitte sein, es ist so schrecklich pingelig, ·finicky· or ·fussy·. Nur wenn Du Wörter verschiedener Art zusammenkoppelst, z.B. Eigenschaftswörter mit Hauptwörtern, dann bitte der Klarheit halber Bindestriche zwischen den "vorgekoppelten" Wörtern: a six-year-old sleeping bag.

3. Wenn man den "Heiteren Fridolin" – the columns in the Forum, remember? – wenn man den oder auch etwas anderes "andächtig" liest, Wort für Wort, wie liest man's dann? (Ich habe nichts dagegen, wenn Du Deine süße Hand über die Antwort legst und es erstmal selbst versuchst. Deshalb die Pünktchen.) ...
... You read it ·religiously·, *rilídj-*.

4. Und wenn Du "angibst", Eindruck schinden willst, for instance by telling people whether a column- *kóll(e)m*-Säule is Ionic, Corinthian or Doric, was tust Du dann? ...... You ·show off·, darling.

5. Weiter habe ich an irgendwelchen Stellen zwei im Englischen sehr beliebte Satzanfänge benutzt, mit denen Du Dich immer durchstottern kannst, wenn Du in Verlegenheit bist. Als "Aufhänger" (peg) sehr zu empfehlen. Der eine Aufhänger war: "Nun, wie auch immer" oder "Je nun" oder auch "Nun schön". Auf englisch, Doosie? ...... *Anyway*. Und der andere war: "Im übrigen". Na? ...... *For the rest.*

Well, we've had our five ·items·, *ai-* (Punkt, Ge-

genstand, Posten, Frage) – five ˙items˙ and no more, as usual. Du sollst schließlich diesen Aufenthalt in unserer "Cisterna" in aller Ruhe genießen können, enjoy it leisurely (schwere Aussprache, schlag's im Wörterbuch nach oder sag statt dessen "without haste"). Just take your time. For the rest (!), it started raining. As a matter of fact, tatsächlich. ˙it's raining cats and dogs˙, es regnet Bindfäden.

Das erinnert mich (ist es der Wein?) – that reminds me of the never-ending talk about the weather in England ("Chilly day today, isn't it?" and so on and so forth.) In London hörte ich einmal zufällig, I ˙happened˙ to hear, zwei alte Damen miteinander auf der Straße reden, mitten in einem schrecklichen Gewitter, thunderstorm, mit Blitz-lightning, Hagel-hail, Wolkenbruch-cloudburst und einem Windstoß-blast-*bla–st*, der die beiden alten Damen umzuwerfen drohte.

> Said the one lady: "Terrible day today! Simply dreadful, isn't it?"
> Said the other lady: "Well, better than nothing!"

For the rest (!), the waiter of the "Cisterna" – I have tipped him generously (to tip: Trinkgeld geben) – that waiter gave me the recipe, *réssipi*, Rezept, for the Zabaione. Here it is, for six persons (we'll ask friends to join us). Frei aus dem Italienischen:

Beat up, schlage, the yolks (Eigelb) of six eggs with an electric whisk-Quirl, together with 50 g sugar, a pinch-Prise of salt, and a teaspoonful of vanillin sugar. ·Gradually·, while beating, add one-eighth of a litre of Marsala. Then go on beating in a hot, yet not boiling, water bath until you get a thick foam, Schaum. Next, pour into glasses and serve immediately.
(Fifteen minutes)

Calories, he told me, 335/1400 joules. Nein, Doosie, das ist nicht zuviel, you can stand, vertragen, a few calories. No weightwatching for you. Nie in meinem Leben habe ich eine Frau mit einer schöneren Figur gesehen. Never. Angesichts meines Alters und meiner Erfahrung – in view of my age and my ·experience·, *ikspi-ri(e)ns* – will das schon was sagen.

"You're lying, Doubleyou."

Do you think, Quindici, any man would take the trouble to pay such a compliment to a woman he didn't find superbly attractive?

"Das ist zu kompliziert für mich, Doubleyou."

STILL IN ROME

White Elephants

Buon giorno, Quindici, *buón djórno!*
Ist es nicht herrlich, dieses "buon giorno"? It has such a friendly sound, Klang. Der gute kleine Toto versucht mit diesen zwei Worten in Vittorio de Sicas klassischem Film "Das Wunder von Mailand" – he tries to redress (to correct) the misery of a Milanese slum by wishing everyone a "good day", buon giorno, for he *means* these two words.

"Buon giorno, Doubleyou!"

Grazie, Doosie. Eigentlich sollten wir – we should ·actually·, *ä'ktschu(e)li*, take a walk through the town, on foot I mean, but the traffic everywhere is simply terrible. Die Straßen sind ja unerträglich mit Autos verrammelt und verstopft, dagegen ist London eine Kleinstadt. These streets of Rome are ·actually· like exhaust pipes, Auspuffrohre. It's stifling, *stai-*, erstikkend, erdrückend. Not at all like the idyllic town of Audrey Hepburn's "Roman Holiday" ("Ein Herz und eine Krone"). Früher war das wohl auch nicht viel besser. Schon Goethe schreibt in seiner "Italienischen Reise": ". . . es ist ein saures und trauriges Geschäft, das alte Rom aus dem neuen herauszuklauben."

Also klauben wir, let's pick out some tolerable places. Am besten wäre wohl irgendeine schöne Fußgängerzone, a 'pedestrian precinct', *pri–sinkt*, somewhere in the centre of the town -- ich hab's! Die schönste Fußgängerzone der Welt! Rate mal!

"Die P- ?"

Yes, St. Peter's, *snt pí–t(e)z*, the Church and the Square.

Tatsächlich, alles noch da, die Peterskirche und der Petersplatz. Komisch: nicht wegfotografiert von den Abermillionen von Minolta-Kameras.

'Frankly', ehrlich gesagt, ich bin ein bißchen enttäuscht, disappointed: the Square, with those splendid colonnades, looks much smaller than I have 'anticipated', *äntíssipeitid*, mir vorgestellt habe. Daran ist wohl das Fernsehen schuld mit seinen verfluchten Weitwinkelobjektiven, with its bloody, *bláddi*, wide-angle lenses, die alles überlebensgroß machen. Geht's Dir genauso?

"Well, Doubleyou, I think it's big enough for me."

And what about "the biggest church in Christendom" right in front of us?

"Great, W!"

Darf ich dieses große Bauwerk ein wenig (a) entweihen, (b) ihm den Nimbus nehmen, (c) eine Nadel in den Luftballon piken ... (a)-(c): 'debunk', großartiges Wort, Geheimtip, sehr "gebildet", schwer zu übersetzen, *dibánk*. Darf ich?

"Was, W?"

Debunk St. Peter's, darling. The thing is this: Erstens wirkt die Peterskirche in der Frontalansicht wie aufgestockt, as if a storey were added to it, und zweitens sieht man die Kuppel – Michelangelos, *Maik(e)l-*, marvellous ·dome·, *doum* – diese herrliche Kuppel sieht man von hier aus entweder nur halb, wie einen Buckel, like a hunchback, oder überhaupt nicht, not at all. The whole thing is a ·mess·, ein Schlamassel. How could this happen?

"Ja, Herr Professor, how could this happen?"

Nun, Doosie, ich habe meine Hausaufgaben heute morgen im Hotel gemacht. ·I did my homework·, as follows:

The whole church is a poor compromise. Around 1500 the architect Bramante started to build a CIRCULAR church, *ssö-kjul(e)*, also einen Bau rund um eine große, zentrale Kuppel herum, die man schön von allen Seiten sehen konnte. Then Raphael continued the work by building an OBLONG-länglich church, *óblon(g)*, wobei die Kuppel ins Hintertreffen geriet. Thereupon Peruzzi went on building again in a CIRCULAR style, Sangallo in an OBLONG fashion, and Michelangelo, again, in a CIRCULAR manner, wieder als Rundbau mit allseitig sichtbarer Kuppel, also das einzig Vernünftige, the only ·sensible· thing. But then, after Michelangelo's death, some pope-Papst or other again went in for an OBLONG church, such as it is today, mit der fast unsichtbaren Kuppel. In short, a ·mess· (but a superb mess).

"Let's go inside, Doubleyou."

Riesig, was? Huge, *hju–dj*! That's about all one can say about it.

"Lästere nicht, W, ich finde es umwerfend. Hier drinnen könnten große weiße Elefanten weihevoll herumspazieren, finde ich, mit prunkvollen Baldachinen auf dem Rücken, in Gold und Silber und Brokat –"

White elephants! Great, Quindici, ˙that sums it up˙ (ungefähr: kürzer und besser kann man es nicht ausdrücken). Wenn eine Frau klug ist, dann ist sie klüger als ein Mann.

"Und wenn sie dumm ist, dann ist sie -- na, Du Feigling?"

– dann ist sie immer noch etwas klüger als ein Mann, sweethart. By the way, übrigens, speaking of baldachins, *bó–ld(e)kins*, the enormous baldachin to your left, over the High Altar, is by Bernini. Der hat auch die großartigen Kolonnaden draußen auf dem Petersplatz gemacht, und was weiß ich noch alles hier drinnen. Wo man hinspuckt, wherever you go in Rome, you'll find a sculpture or something else made by Bernini, a Jack of all trades, ein Hans Dampf in allen Gassen, und ein Gschaftlhuber noch dazu, a ˙busybody˙, *bízzi-*, ein unverschämt begabter Hund, dieser Barock-Virtuose, der Marmor-marble-*ma–bl* behandelt wie Marzipan.

Da muß ich Dir unbedingt später einmal seine wohl berühmteste Skulptur in der Kirche Santa Maria della Vittoria zeigen: die unter uns gesagt orgastische "Verzückung der Heiligen Therese", auch "Himmlische

Liebe" genannt. "If this is Heavenly Love", the French historian Thiers once observed, "then I have enjoyed it three times last night." Ja ja, das ist Hochbarock ...

Überhaupt, Rom ist ja viel weniger eine Renaissancestadt wie Florenz, als vielmehr eine im üppigen Barock aus allen Fugen schwellende Wirtschaftswunderstadt der triumphierenden Kirche, so ums 17. Jahrhundert herum.

Der letzte Absatz noch einmal auf englisch, wegen der vielen "gebildeten" Wörter. Du brauchst das nicht selber zu übersetzen, aber nett wär's, wenn Du Dir über das erste Wort des Absatzes, "Überhaupt ...", den Kopf zerbrächest, es ist ein sehr schwer zu übersetzendes deutsches Wörtchen:

Generally speaking – oder vielleicht noch besser: ʻAs a matter of factʼ, Rome is less a town of the Renaissance, *rineïs(e)ns* or *rénn-*, as is Florence, than it is a town of the exuberant and extravagant baroque, *b(e)róck* – in fact, it's the high-prosperity capital of the Church Triumphant, some time around the seventeenth century.

Puh, das war nicht leicht, und ich habe mir einige Freiheiten genommen, I have taken some liberties, *líbb(e)tiz*. Aber jetzt wollen wir uns davon erholen, recover, und Luft schnappen: Wir nehmen den Fahrstuhl und fahren aufs Dach, to see the dome, die Kuppel.

Isn't it marvellous, Michelangelo's dome? Der Höhepunkt, the ʻclimaxʼ, *klaï-* , of the Renaissance, just when it merges, übergeht, into the early baroque.

Komm, wir gehen hinauf auf die Kuppel, man geht – man kriecht fast – zwischen ihren zwei Schalen hinauf, bis in die bezaubernde "Laterne", das Türmchen über der Kuppel, zu der kleinen Plattform um die Laterne herum.

— Mind the steps, Doosie, it's pretty narrow here.

Die Plattform! Der Blick! Rome again, that "Symphony of Rome" in yellow, ochre, sepia. The whole panorama with the Seven Hills, on which classical Rome was built. Und überall die Zypressen und Pinien, die beiden typischen Bäume Roms. By the way, wissen Sie, wie man die beiden am besten erkennen kann – do you know how to recognize them? The cypresses (*saï-*) look like folded umbrellas, zusammengeklappte Regenschirme, and the pines look like opened ones.

"Was für ein phänomenaler Sinn für Natur! Sie könnten ein Pfadfinder werden, ehrwürdiger Greis!"

Ach, wenn es doch nur ein gutes englisches Wort für das süße "schnippisch" gäbe, es steht Dir so gut! "saucy" ist eher "keß", "cheeky" eher nur "frech" und "flippant" eher "schnodderig". Doch, ja, vielleicht am
+ besten ˈuppityˈ, *ápp-*, aufmüpfig.

Also schön, lassen wir das mit den Regenschirm-Zypressen. Aber wenn ich diese Peterskuppel eine gött-
— liche Zitronenpresse nenne, a divine-*divaín* lemon squeezer, dann haben Sie doch wohl nichts einzuwenden?

"I have. Das hat Ihr *Maik(e)l*-Michelangelo nun wirklich nicht verdient!"

46

Zu Michelangelos englischer Aussprache, über die Du Dich zu amüsieren scheinst, fällt mir etwas ein. Years ago, I wasn't sure about the pronunciation of that name, so I asked an American student whether she said *Maik(e)l-* or *Mik(e)l-*angelo.

She looked at me in astonishment and said: "How do *you* pronounce his name?"

Ich fand das sehr süß. Es zeigt den Respekt und den Lerneifer, den besonders junge Amerikaner für die Kultur Europas haben. They are perfectly willing to say *Mik(e)l-* if *we* do so. Da sind die Engländer schon etwas eigensinniger, a little more insular.

"Wir müssen hier runter von der Plattform, Double-you, die Leute drängeln nach, besonders die Deutschen werden langsam ungeduldig..."

P.S.

Wo wir gerade so billig beim Papst speisen, Quindici – diese Selbstbedienungskantine der Vatikanischen Museen ist wirklich, actually, some sort of papal-päpstlich McDonald's right in the Vatican City –, da überlege ich mir: Wie wollen wir's mit unserer Wiederholung halten: abhören, examine, oder nur gemeinsam überdenken, just think things over jointly, wie voriges Mal?

"Think things over, Doubleyou, *bitte!*"

Gut, Doosie, wir überdenken, ohne abzuhören, aber Du legst bitte Deine wunderschöne Hand in die Nähe meiner sechs Warnungspunkte, um die "Lösung" zu überdecken, to hide my answer, und versuchst erst einmal, die Antwort selbst zu finden, thus examining *yourself*. OK?

"Ich verspreche gar nichts, Doubleyou."

1. Da hatten wir das wichtige Wort "eigentlich", "wirklich" ("wir sollten eigentlich spazierengehen" war's, und "die Straßen Roms sind wirklich wie Auspuffrohre") – na? . . . . . . actually. Bedeutet niemals das deutsche "aktuell"! Ebenso wie "eventually" nie das deutsche "eventuell" bedeutet, sondern – na? . . . . . . *schließlich*. Hab's Dir schon tausendmal gesagt, in earlier books, aber ich hoffe, daß Du mir verzeihst, wenn ich pädagogisch bin und wiederhole.

Übrigens: da gibt's noch andere Fremdwortfallen. Remember Michelangelo's plan for a circular building of St. Peter's, "the only ·sensible· thing", das einzig Vernünftige: "sensible", *sénnsibl*, ist *vernünftig, praktisch*, nie das deutsche "sensibel", which in English would be "sensitive" or even "touchy" (leicht verletzbar).

2. Ich versuchte, der Peterskirche etwas von ihrem Nimbus zu nehmen, ich pikte gleichsam eine Nadel in den Luftballon. (In Andersen's fairy tale of the Emperor's New Clothes, Des Kaisers neue Kleider, a little child does the same thing.) Wie heißt nun diese Tätigkeit auf englisch? Ein herrliches, ganz "kultiviertes" Wort, mit dem Sie jedem imponieren können, Doosie. Na? . . . . . . to debunk.

Übrigens, apropos "kultivierte Wörter": Weil Du von den weißen Elefanten im Innern der Peterskirche sprachst, weißt Du, was "a white elephant" *bildlich* bedeutet? Nein, wir haben's noch nicht gehabt. Es bedeutet: ein teures und sperriges Ding, meistens Kitsch, das man völlig nutzlos bei sich herumstehen hat. Some wedding presents, Hochzeitsgeschenke, are like that. Soviel mir bekannt, geht der Ausdruck auf den Besuch eines englischen Königs in Indien zurück: Some Maharajah presented the king with a white elephant, and he didn't know what to do with it.

3. Ein Gschaftlhuber, der sich obendrein überall einmischt (von dem guten Bernini war die Rede). Auch dies so ein Hundert-Dollar-Wort: . . . . a busybody.

4. Ein Schlamassel (die Baugeschichte der Peterskirche zum Beispiel), ein heilloses Durcheinander, eine "Schweinerei". Bitte auf englisch. Erstmal, *please*, Deinen Finger drauf: . . . . a mess.

5. Zuletzt noch drei Wörter: (a) Fußgängerzone . . .
— . . . pedestrian precinct; man kann auch "shopping area" sagen; (b) eine Kuppel . . . . . . a dome, *doum*; (c) Papst . . . . . . pope, *poup*.

That's all. Frankly, Doosie, I didn't see much of that lovely hand of yours hiding the answers –

"Mein Gott, Doubleyou, sieh Dir doch einmal diese Katze an, da in der Ecke, das arme Tier, halb verhun-
— gert, almost a skeleton."

Dear me (mein Gott), and that right in the Vatican, in front of the papal restaurant. Has the Pope never seen her? Perhaps he is travelling too much. Come here, pussy-cat! Let's give her a bit of our chicken, Doosie. Look how hungry she is . . .

— ·Speaking of· popes, wo gerade von Päpsten die Rede ist: Wir hätten uns eigentlich Michelangelos berühmten "Moses" ansehen sollen. First, because it's a powerful piece of sculpture, and second because it's practically the only thing Michelangelo ever executed, ausführte, of the grand plan for Julius II's colossal tomb, *tu–m*, Kolossalgrab. Ach, was ist von diesem gigantischen Plan übriggeblieben! Ein armer, eingeschrumpft in die Wand gedrückter Julius, eine klägliche Marmorpuppe über Michelangelos herrlichem Moses. I think that poor pope was nearly amputated to fit in. Das kommt davon, wenn man allzu große Pläne macht, ‹biting off more than one can chew›, *tschu*, kauen

Was habe ich nicht, Doosie?

"You haven't said a word about the – the – – na, die Sixtinische Kapelle hier im Vatikan, Doubleyou."

The Sistine Chapel, Doosie, *Síssti-n*. You mean Michelangelo's frescos.

"Yes, und kein Wort hast Du darüber gesagt."

Brauch ich auch nicht. Denn erstens sind diese Fresken das größte Kunstwerk aller Zeiten (forgive my British understatement, Doosie), da erübrigen sich alle Worte. Und zweitens sind die meisten Malereien in dieser obendrein noch dunklen Kapelle so hoch an der Decke – the ceiling is fifteen or twenty metres high –, daß man sie nicht richtig sehen kann, not even after their controversial restoration by the Japanese. Weshalb ich Dir hiermit einen Geheimtip gebe, a strictly personal tip:

Kauf Dir ein Buch mit Michelangelos Fresken, da sieht man alles viel besser und in Ruhe. Allerdings: Nach langer Suche habe ich bisher nur ein recht kostspieliges Reproduktionsbuch dieser Fresken für Dich entdecken können, aber ein sehr gutes: DuMont (Verlag), "Michelangelo", in der Serie "Bibliothek großer Maler". Schenk es Dir, Doosie, as a souvenir! I'll buy it, too, to keep you company.

Vielleicht gibt es aber noch andere, billigere Bücher, wenn Du schlecht bei Kasse bist. Sicher zeigen alle zunächst die ganze Decke der Sixtinischen Kapelle, the entire ceiling, *ssi–lin(g)*, wie man sie eben von unten her sieht, ziemlich undeutlich also, mit all ihren zwanzig oder dreißig Bilderfeldern, und dann enthalten diese Bücher Seiten mit den einzelnen Feldern für sich, pages showing the individual frescos: the Creation of Man, for example – that divine spark, dieser göttliche Funken, between the hand of God and that of Adam! It's overwhelming, überwältigend. ("Gott schuf die Welt – God created the World, and Michelangelo created God.") And then the Sibyls, the Prophets, the unspeakably beautiful naked youths, Jünglinge. And then the gigantic Last Judgement, das Jüngste Gericht, painted on the entire altar wall at the far end; it's generally considered to be the greatest of these frescos, but I am not so sure of that.

Dann, Liebes, when you have studied that book ·religiously· (remember?), dann kehren wir nach Rom zurück und sehen uns die Sixtinische Kapelle noch einmal mit Verstand an.

To be sure of our return to Rome, let's go and see the Fontana di Trevi, diesen kurios überladenen Riesenbrunnen. What we have to do there, is to throw a coin, Münze, into the water of the fountain. If we don't do that, so superstition-Aberglaube has it, we cannot return to Rome.

Here we are. Nein, Du mußt die Münze *über die Schulter hinweg* in die Fontana di Trevi werfen –

Yes, Doosie, that's the way to do it.

Auf Wiedersehen, Rom!

Quindici

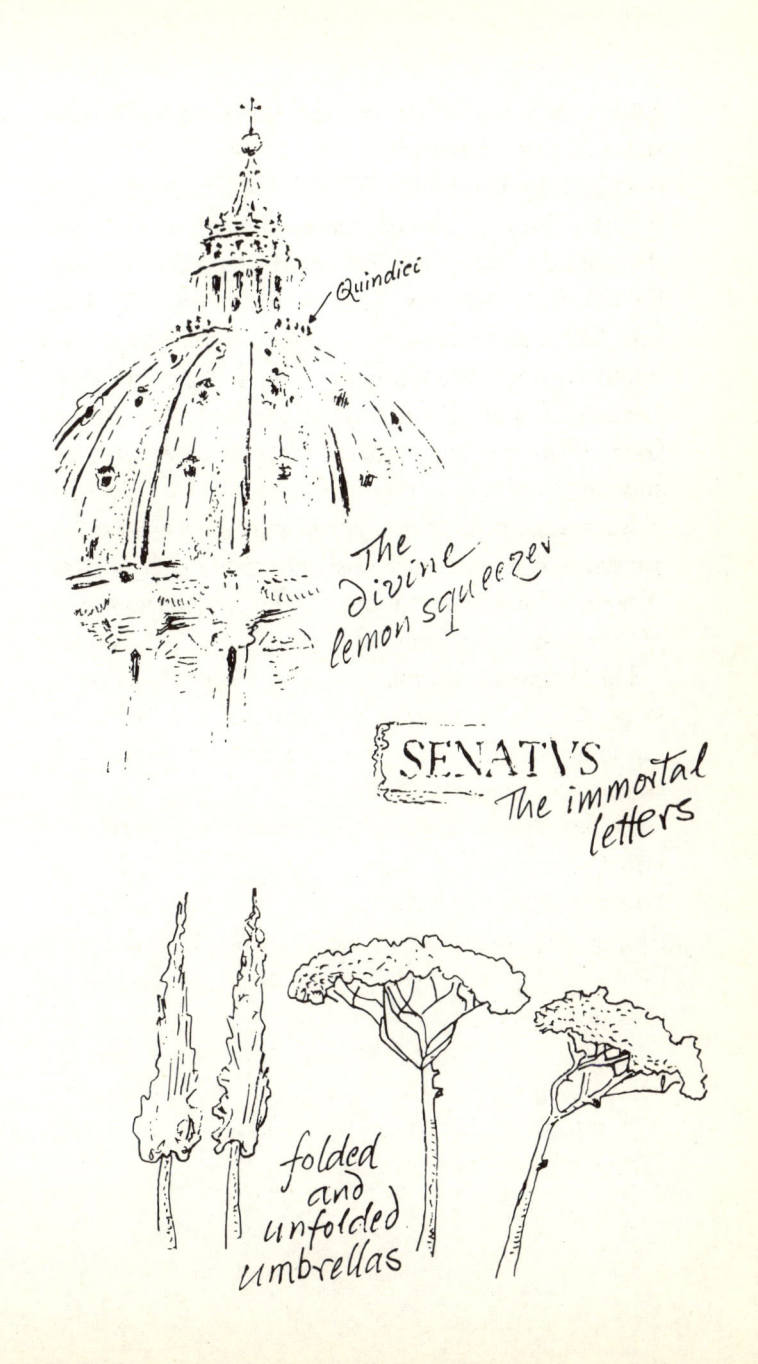

The divine lemon squeezer

SENATVS
The immortal letters

folded and unfolded umbrellas

So, ich finde, wir sollten jetzt ein bißchen in den italienischen Norden reisen.

"Pisa, Doubleyou?"

Um Gottes willen nicht schon wieder Kunst! Außerdem stehen Pisas drei Sehenswürdigkeiten – Dom, Baptisterium, Schiefer Turm –, die stehen dort starr und leblos nebeneinander aufgereiht wie Nippes auf Tante Agathes Vertiko. However, in case (if) Pisa's Leaning Tower should one day threaten-drohen to collapse we might go there, for you to prop it up, stützen.

Statt dessen, finde ich, ruhen wir uns jetzt erst mal am Meer von unseren Kunststrapazen aus, let's relax. Was sagst Du – ˙what about˙ the Italian Riviera?

"Per Bahn oder Flug, W?"

Per imagination, Love.

P.P.S.

"Imagination or no imagination, Doubleyou, ich will wieder Schlafwagen fahren, wie voriges Mal."

OK, Doosie, steig ein. The bottom bed for you, as before?

"Same procedure as last year, W."

Funny: this lovely "Dinner for One" which they show on German television every New Year's Eve, is almost completely unknown in Britain. – Ready, Doosie? Shall I 'tuck you in', einmummeln?

"Yes, please."

Pleasant dreams, darling! Fairly middle-class, this expression, I guess: 'non-U', non upper-class. Dann gibt's noch "U" words, *ju*, upper-class words. Well, anyway, good night, Doosie.

"Good night, Doubleyou. Damals im Schlafwagen hat mir Vater Geschichten erzählt, bis ich einschlief."

At your service, madam. Only too glad to 'oblige you', Ihnen gefällig zu sein, wörtlich: Sie (zu Dank) zu verpflichten. Soll ich Dir ein paar Schlafwagen-Geschichten erzählen, about people I met in the sleeper? Schläfst Du schon?

"Krrr, W"

Once upon a time (so beginnen ja Märchen), there was, for instance, that 'gushy' – "ergießend", schwatzsüchtig – that gushy hausfrau in the sleeper from Stockholm to Hamburg (I was living in Sweden then). In the corridor she ·buttonholed· me (überfiel mich, "hielt mich am Knopfloch fest") – she ·buttonholed· me, telling me that she was going to the funeral, *fjú-*, Beerdigung, of her sister-in-law, und diese Schwägerin sei die Frau eines Pastors, der übrigens einen Bandscheibenvorfall habe, a ·slipped disk·, und sie (the hausfrau or her sister-in-law) hätte ebenfalls eine größere Operation vor sich, Dickdarmgewächs, colon growth, aber nicht bösartig, not malignant, *m(e)líg-*, obwohl sie sich auf einer Reise nach Afrika einen Bandwurm zugezogen habe, although she had contracted a tapeworm in a Tunis restaurant – schläfst Du?

"Krrr"

– in a Tunis restaurant which, after all, had made a very gediegenen Eindruck, sei übrigens auch von Deutschen geleitet, ·run·, a married couple from Stuttgart by the name of Rötgebauer, very nice people, although, perhaps, not too gebildet, aber das könne man ja heutzutage auch nicht verlangen – well, that's how that gushy hausfrau ("hausfrau" is English, though pretty ·U·) – that's how she started the conversation and kept ·waffling·, *woff-*, quassel-babbelnd, until I, after about two hours, discreetly retired to my compartment, Abteil . . . Was heißt "*sich* zurückziehen" auf englisch, Doosie?

"Krrr"

– well, I ·retired·, *ritai-*, welches die Dame offenbar

lebhaft bedauerte, denn sie winkte mir unablässig nach und wünschte mir alle mögliche angenehme Ruhe. Das Merkwürdige aber, the funny thing about it was this: next morning, in the corridor, when I said "good morning" to her, da starrte sie mich mit leerem Blick an, erkannte mich überhaupt nicht wieder, didn't recognize me at all, while talking, endlessly, to another person.

Und die Moral von der Geschicht', the moral of this story: remember to waffle-*woffl*-quasseln and, why not, ˙to buttonhole˙ and ˙slipped disk˙. Und lerne für eine Person mit soeben genannten Eigenschaften den schönen Ausdruck ˙a pain in the neck˙, eine Nervensäge. Schläfst Du?

Am besten, ich erzähle weiter, denn sonst wachst Du mir noch auf ...

"Krrr"

That very night, on the way to Hamburg, when I had ˙retired˙ to my compartment, I shared, teilte, the sleeper with a rabbi, *rä'bbai*, wearing a long black beard and a long black coat. He talked little, aber sah mich aus seinen dunklen Augen merkwürdig an, als errate er meine Abtrünnigkeit als ein christlich getaufter Jude, als Renegat. But he didn't ask any personal questions – auch dann nicht, als ich sagte, die Nazis hätten damals "auch" Leute wie mich verfolgt. Yet when I climbed, *klaimd*, kletterte, to my upper bed, da sprang er plötzlich aus seinem unteren Bett, hielt die Leiter fest und sagte: "Vorsicht, mei Kind, Du känntest fallen."

'Mei Kind', obwohl ich über sechzig war. A warm feeling overcame me – ein Gefühl tausendjähriger Verbundenheit, das ich nie recht gekannt hatte. If I was no longer a Jew, *dju*, Jude, I was certainly Jew*ish*. It's what you may call an "ambivalent" feeling, *ämbí-*. Ich glaube, wir sollten irgendwann einmal nach Jerusalem fahren, um aus mir und den Juden klug zu werden, to 'sort things out' . . .

Sleeping?

After the rabbi, *räˊbbai*, my partner in the sleeper back from Hamburg to Stockholm was a tall and lean, *li–n*, hager, Swede with particularly hairy legs (like most Swedes, he went to bed naked), und mit einem großen, pechschwarzen Koffer, a pitch-black suitcase. We started talking, and he said he was an entomologist, *entoumóll-*, coming from an Entomological Congress held at Regensburg. Da ich nicht wußte, was ein Entomologe war (something between an ethnologist and a gynaecologist?), fragte ich diplomatisch, was denn seine "Spezialität" in seinem Fache sei.

He blushed, errötete, and said he specialized in 're-searching', *rissöˉ-*, erforschen, the behaviour of *Cimex lectularius*, the so-called bug or Wanze which, he said, had practically died out, ausgestorben, in clean and antiseptic Sweden. Worauf ich prompt in meinem Bett unter ihm von einem ganzen Heer von Wanzen träumte, hordes of bugs, die in seinem großen schwarzen Koffer da oben wieder in das saubere Schweden eingeführt werden sollten – in that big pitch-black suitcase of his, from which they all marched right into my bed. Ich erwachte schweißgebadet, auch fing es überall zu jukken an –

"– Doubleyou!"

Was ist denn los, Doosie?

"Doubleyou! Mach sofort das Licht an!"

PORTOFINO

A Thought, a Flower ...

Wenn Sie uns beide auf der Landkarte suchen, Ms Doosie ("Ms" ist sehr modernes Englisch für Frauen, die weder als "Miss" noch als "Mrs" abgestempelt sein wollen: ˙Ms˙, ausgesprochen *miz*) – if you try to find us on a map, we are, to put it pedantically, in northwestern Italy, on the Ligurian Sea, east of the French coast. Menschlicher ausgedrückt: Italienische Riviera, ein bißchen rechts von Genua, slightly to the right of Genoa, wo in der Küste ein winziger Höcker ist, a ˙minute˙, *mainjú–t*, hump.

Along this hump there lie, ˙in this order˙, der Reihenfolge nach: Rapallo, Santa Margherita, and Portofino, three pearls, *pö–lz*, Perlen, of the Mediterranean. Schwer auszusprechen, "Mittelmeer", versuch's mal: *Medit(e)reĭnj(e)n*, Betonung (stress) auf dem *ei*. Nochmal bitte: *Medit(e)reĭ–* usw.

Portofino ist nun die Perle der Perlen, the pearl of pearls, wohl überhaupt der schönste Ort der Riviera. Deshalb sind wir ja auch hierhergekommen, ˙that's why˙ we came here. True, Portofino is a bit ˙posh˙, schickeria-luxuriös, with all those Onassis yachts, *jotts*, lying about in this idyllic little harbour; aber das macht

Dir doch wohl nichts aus – you don't mind, Doosie, do you?

"You can always buy one or two of these yachts-*jotts* for my bathtub."

I will, darling. Ist der kleine Hafen in dieser schmalen Bergbucht nicht bezaubernd, Quindici? And all the old houses around it, painted red, orange and pink? Guck Dir mal die Fresko-Verzierungen der Fassaden an, it's typical of the region, *rí–djn*. Paß auf, Doosie: typical *of*, not typical *for*. Und kein einziges Auto! Nicht einmal ein Bahnhof! Komm, wir setzen uns in eines der Cafés auf dieser Puppenhafen-Piazza, unter those pruned trees, *pru–nd*, beschnitten.

What can I order for you? Ich selber bestelle mein Lieblingsgetränk, my favourite drink, a Coca-Cola. (Sorry, Doosie, das klingt sehr wenig poetisch; but when I was together with poetic Wolf Biermann recently, in Hamburg, he also had one.)

Während Du Dir überlegst, was Du bestellst, geh ich mal rüber zu dem Hotel hier an der Piazza, das hat herrliche Zimmer mit Aussicht auf die Bucht und die Berge. It's very expensive, almost ˙prohibitive˙, *pr(e)hí-*, "verboten" teuer, unerschwinglich, but you ˙deserve˙ it, *dizö´–v*, Du verdienst es. Im übrigen: We can –– na? We can ˙afford˙ it. Und außerdem: Wenn schon, denn schon. Das läßt sich kaum übersetzen, dieses herrliche deutsche "wenn schon, denn schon". Der alte Bundespräsident Heinrich Lübke hätte vielleicht gesagt: "When already, then already", aber das wollen wir ihm bitte nicht nachmachen. Mir fällt als adäquate Übersetzung eigentlich nur ein englisches Sprichwort ein: »<u>You may as well be hanged for a sheep as for a lamb</u>", frei übersetzt: Wenn man schon gehängt wird, dann wenigstens für etwas Lohnendes.

Inzwischen (meanwhile) bin ich im Hotel gewesen. They have only one room left, with a double bed in *one* piece, I think you call it "French bed". Do you mind the one bed for the two of us?

"It's up to you, Doubleyou. Schließlich schreiben *Sie* ja das Buch."

Super! Also dann schreibe ich eben folgendes: Erstens buchen wir das Zimmer, we'll book it, und zweitens gratuliere ich Dir sehr herzlich zu Deinem "it's up to you", großartiges Englisch, schon in unserem ersten PS vorgekommen: "das ist Deine Sache".

Und dann sagtest Du: "Schließlich schreiben *Sie* ja das Buch." Könnten Sie mir das bitte gleichfalls übersetzen? Auf das "schließlich" kommt's mir an.

"*You* are writing that book, after all."

Doosie, das hast Du nicht von Dir. Der Teufel – the devil knows where you got that from, it's perfect. Und bitte das "after all" schön zusammenziehen, wie *ein* Wort: *á–ft(e)ró–l.*

"Aaft(e)rohl?"

Ja, geht schon ganz gut.

Frankly, I'm looking forward to that one bed, ich freue mich darauf. "Nestwärme", remember? And please give me a kick when I start snoring-schnarchen.

Aber ich finde, wir sollten jetzt etwas tun. Action! What about a little walk up to the church on that rock over there, San Giorgio? It will take no more than fifteen minutes.

Doosie, bitte übersetzen: "Wie wäre es mit einem Glas Champagner?" Auf das "Wie wäre es mit ..." kommt es mir an.

Schweigen? Aber darling, wir haben es doch eben gehabt: ·What about· a little walk ...

Wie bitte? Was *Champagner* auf englisch heißt? Aber darauf kommt es hier doch gar nicht an, that ·isn't the point·, Quindici. Na schön: champagne, *schämpein*. Ach so, I see, you want to *have* a glass of champagne. After our walk, Doosie, in that ·posh· restaurant opposite, gegenüber, OK? Combined with *frutti di mare*, "fruits of the sea" (besseres Englisch: seafood) – a lobster, Hummer, for instance, or prawns, Garnelen, if you like them better. But let's first go up to San Giorgio.

Bleib nicht immer stehen, Doosie, the prices in these boutiques are ·prohibitive·, und dann diese modischen Fähnchen.

"Ich – ich – "

Hör auf mit diesem gräßlichen deutschen Zischlaut *ich, ich*, it's like the hiss of a viper, *vaip(e)*.

"Dein aufgebläht großgeschriebenes I, I, I ist auch nicht viel besser als mein Zisch-*ich*, Doubleyou."

I see your point, Doosie. Aber komm jetzt bitte, und bleib nicht wieder vor diesen pseudo-expressionistischen oder quasi-impressionistischen Kitschgemälden von Portofinos Hafen stehen. Sieh mal hier, diese kleine Marmorplatte in der Mauer, that tiny marble tablet, mit der winzigen Vase darunter – das bescheidenste Kriegerdenkmal, das ich je gesehen habe. Diese rührende Inschrift:

> Un pensiero un fiore per chi ha donato
> la vita per la patria
>
> A thought, a flower for those who gave
> their lives for their country

– and in that little vase, *va–z*, a little flower, just one: *un fiore*. No names, no year, no bombastic words. Rührend, oder? It's touching – oder?

Doosie, Geliebte, würdest Du mir ganz schnell einmal dieses "oder?" übersetzen? Es ist gar nicht so einfach, obwohl Du's garantiert schon tausendmal gehört hast. Es ist eben ein riesiger Unterschied zwischen Hören und selber Sprechen, zwischen "passivem" und "aktivem" Wortschatz, und da gibt es nur ein Mittel: *aufmerksam* zuhören oder lesen, *attentively* and wide-awake. Learn the things you know!

Also bitte: "Rührend – oder?" auf englisch.

¿It's touching, isn't it?

So, hier wäre also das Kirchlein. Ist es nicht herrlich hier oben auf diesem Felsen im Zwielicht der Abenddämmerung, in the twilight of the dusk? Down there, to your left, the little bay-Bucht or rather creek or fjord of

Portofino, with all those minute-winzig houses on the mountain slopes. And to your right, the Sea, the open Sea, the foaming waves breaking on the rocks . . .

"Aber Doubleyou, ich seh das ja alles, Du brauchst's mir nicht erst zu erzählen."

Ach, laß mich doch, Doosie, laß mich erzählen, o Muse. "After all, *aaft(e)rohl,* YOU are writing the book" – remember?

Da muß ich Dir auch von dem Priester erzählen, den wir eben trafen, obwohl Du schon alles weißt. That priest came out of the church, he greeted us with a friendly smile and asked how long we ˙intended˙ (planned) to stay at Portofino, and where we ˙intended˙ to go next. I told him, und dann nickte er so lieb, gab uns die Hand und sagte ein kleines Wort zum Abschied. Did you hear it?

"Yes, Doubleyou, I did."

Schade. Trotzdem, ˙even so˙, let me tell you, O Muse, *mju–z.* The word was "auguri", *augú–ri.* Eines der entzückendsten Wörter, die ich kenne, eine Mischung von "viel Glück!" und "gratuliere!" plus, historisch gesehen, eine gute Portion Aberglaube. Ein uraltes Wort, kommt wohl von den Auguren im alten Rom, die durch die Vogelschau die Zukunft voraussagten, politisch sehr wichtige Leute damals. Der deutsche Ausdruck "Augurenlächeln" ist im Englischen wohl weniger bekannt, aber sag nur ruhig "augurs' smile", *ó–g(e)z,* und erkläre das ein bißchen – there is such a lovely story behind it: in ancient (old) Rome, when two augurs met, they smiled sarcastically at one another because each of them knew that the business of the other one was sheer ˙fraud˙, reiner Schwindel.

Mein Gott, jetzt sind wir ja schon beim Leuchtturm angelangt, at the lighthouse. Ist Dir aufgefallen, have you noticed (oder vielleicht noch besser: did it ˙strike you˙), daß wir auf unserem Weg relativ wenige Touristen getroffen haben? The reason is the fact that this part of the Riviera – and, for that matter, the Riviera as a whole – has very few and mostly stony beaches. Weshalb ein "Germanengrill", wie etwa auf Mallorca, hier undenkbar ist. Die Hotels sind daher meistens alte Kästen: Victorian, from the times of my grandparents – your great-grandparents? – who would take their promenades in white clothes, with straw hats and parasols. Man fühlt sich ein bißchen altmodisch hier. I quite like it.

"Doubleyou, könnten wir allmählich nach Hause gehen? I must wash my hair."

Yes, Doosie, it's getting dark. Time for the lobster and your glass of champagne, and, ˙gradually˙, for bed. As to (concerning) that one bed for ours: auguri!

P.S.

Falls Sie wissen wollen – in case you 'wonder' what happened in our one bed last night ("schließlich schreiben *Sie* ja das Buch") – well, in case you 'wonder', I have to inform you that you kept me awake-wach by trying all the time to pronounce *Medit(e)reĩnj(e)n*, and loud. Taten Sie das, um mich wegen meiner primitiven Lautschrift auf den Arm zu nehmen, to 'pull my leg'? Na, da gibt es noch ganz andere Lautschriften: here is the beginning of John F. Kennedy's manuscript for his famous Berlin speech in 1963 ("I am a Berliner"):

> ish FROY-er mish   in bear-LEAN sue zine.
> ish FROY-er mish   in DOICH-lont sue zine.
> ish bin DONK-bar   fear dane HAIRTS-lishen emp-FONG,
> dane zee mere eeba-OLL ba-WRY-tet hobben.

You don't believe that this is genuine-echt? It is! What about MAY-deetur-RAIN-yan tonight, Quindici?

  1. Bitte auf englisch: "schnarchen" und "schickeriaschick". Antworten versteckt. Yes, Doosie, 'it can't be helped', es hilft alles nichts: Ab und zu muß richtig abgehört werden, denn sonst liest Du mir den Haupttext nicht aufmerksam genug. Mit panischer Examensangst sollst Du ihn lesen, Geliebte!

2. "Typisch für ihn!" Bitte auf englisch. Erinnerungsstütze: die bunten, fresko-dekorierten Häuser von Portofino, typisch *für* diesen Teil der Riviera.

3. "Du verdienst es" (nämlich unser unerschwingliches, ·prohibitive·, Hotel).

4. "Schließlich schreiben *Sie* ja das Buch", bitte noch einmal "schließlich" auf englisch, weil's so wichtig ist. (In diesem Falle übrigens nicht "eventually".)

5. "Das ist Deine Sache" oder "Das entscheidest Du", bitte auf englisch. "That's your business" is fine, but I want another expression. You used it yourself.

Ich kann Dir auch verraten, daß wir gerade einen reizenden Ausflug machen, über die schönen, olivenbewachsenen Berge unseres ligurischen Höckers nach dem kleinen Paraggi. There is a little sandy beach here, you're sunbathing and swimming, while I'm having a cup of coffee in the beach bar admiring, "bewundernd", your figure. In dieser kleinen Bar kannst Du dann auch meine Fragen beantworten, wenn Du vom Strand kommst.

Wollen wir nachher, immer unseren Höcker entlang, noch nach Santa Margherita fahren? I should like to go there, for a special reason. Two very good friends of mine, Lore and Hellmut from Herford, go there every year, for seventeen years now. Die beiden werden jetzt nicht dort sein, aber vielleicht drei andere. Ich würde die drei allzu gern sehen. The story is this:

My friends told me that we – their "we" includes *you*, Doosie – they told me we simply *must* go to the

Café Colombo between four and six p.m. if ever we should ·happen to· be in Santa Margherita, wenn wir einmal zufällig (happen to!) dort sein sollten. In einer Ecke des Cafés, in den Korbstühlen, wicker chairs, auf der Straße, on the pavement, da säßen täglich zwischen vier und sechs drei vorsintflutliche Gestalten, three antediluvian figures, Überbleibsel der alten Riviera-Herrlichkeit – und zwar schon seit siebzehn Jahren säßen sie da zusammen, kaum ein Wort miteinander wechselnd, silently sipping their espresso ·each and every· afternoon: the General, about 90, even from the days *before* Mussolini, mit Feldherrnblick die Piazza überschauend; the Princess, 80 or so, a shrivelled-verschrumpelt little lady dressed wholly in black, with a huge solitaire on her skeleton finger; and thirdly *La Grande Tragédienne*, 85, one time the Eleonora Duse of Genoa. "Ein Bild wie aus einem Fellini-Film, diese drei", sagten meine Freunde.

Well, I'm damned: Da sitzen sie ja, siehst Du sie, Doosie? Da rechts, in der Ecke, vor den Stuck-Engeln des Café Colombo, alle drei, regungslos, fossils from a great past – *fósslz*.

Thank you, Doosie. You didn't say that I wasn't much younger than they.

1. to snore; posh. 2. typical of him! 3. you deserve it. 4. after all, ... 5. it's up to you.

Doosie, I strongly recommend-empfehle the sorbet at the Café Colombo. And for our next stay I strongly recommend:

PARIS

The Human Condition

Sie haben ganz recht, Doosie, lassen Sie uns diesmal in ein einfacheres Hotel gehen. Es gibt nichts Uniformierteres als Luxus, there is nothing more deadening than 'trendy' places (to be trendy: "in" sein). Auch kann es nicht schaden – it will do no harm –, statt irgendwelcher internationaler Manager so einen kleinen, typisch französischen Hotelbesitzer kennenzulernen, Monsieur Dupont et Madame.

That reminds me. I once stayed at a small hotel in Boulevard St-Michel – true Parisians say "Boul' Mich", *bu–l mi–sch* – well, I stayed at that small hotel in Boul' Mich, sitting by the front door, waiting for a taxi. Da kam Madame, die Besitzerin, mit zwei kofferbeladenen Gästen zur Tür, um sie zu verabschieden. "Adieu, au revoir!" winkte sie ihnen mit dem lächelndsten und liebenswürdigsten Gesicht der Welt nach (ich sah es im Spiegel). Dann, als die Gäste verschwunden waren, drehte sie sich um, zur Rezeption hin, um ihren Geschäften nachzugehen: Ihre Mundwinkel hatten sich gesenkt, das Gesicht war zu Stein erstarrt, hart und unbarmherzig, um zwanzig Jahre gealtert. That cold Gallic face.

"Sie scheinen die Franzosen nicht gerade sehr zu lieben, W."

Well, Doosie, for one thing (erstens), it's very British to dislike the French; and for another (zweitens), I don't mean the French or France but the Parisians, *p(e)rí(sch)enz*. Frankly, they get slightly on my nerves.

Frankreich ist bezaubernd – "la douce France" heißt es ja auch, übersetzt: "sweet France", "gentle France", das süße, lieblich-milde Frankreich. But in Paris, *Pärris*, everything is a little stale, ·as it were· – ist gleichsam (·as it were·) ein bißchen abgestanden und vorgefertigt, ·prefab· (prefabricated).

Hier zum Beispiel: Dieser bombastische Place de la Concorde – "la gloire", the Glory, auf deutsch etwa: die Macht und Herrlichkeit, und überall seine Majestät der Staat, "la grande nation". Und da drüben: Guck Dir diese Champs-Élysées an, that pompous grandeur with those eight lanes, Fahrbahnen, und dieser übergroße Arc de Triomphe. ·Admittedly·, zugegeben, it's magnificent; but what Napoleonic megalomania, Größenwahn! Kannst Du "megalomania" aussprechen, Doosie?

"Ich will nicht, Doubleyou, ich finde diesen Triumphbogen großartig."

Ist er auch, Geliebte, I *did* say the Arch was ·admittedly· "magnificent", *mägniff-*, but it's an enormous braggadocio, Angeberei, nevertheless. Those megalomaniac Frogs! ("Frösche" – Schimpfwort für "Franzosen".)

"Jetzt schimpfst Du ja *doch* auf die Franzosen, nicht nur auf die Pariser, W!"

Ich wollte Dir nur "Frogs" beibringen, chérie. Ich verkaufe Himmel und Erde für ein Wort für Dich, Geliebte. Oder für eine kleine Geschichte, zum Beispiel diese: When in 1810 Napoleon married Marie Louise, the daughter of the Austrian Kaiser – sie war über diese Heirat nicht sonderlich erfreut, she felt Napoleon was a parvenu or yuppie, *jáppi* (Young Urban Professional) – then the Arc de Triomphe was hardly begun. Napoleon aber, um seine Kaiserin würdig zu empfangen, had a mock-up made of the Arch, eine Attrappe, fifty metres high, made of painted cloth.

So hoch ist er eben auch jetzt noch. Da ganz oben, guck mal, da ist ein Riesenfries der Soldaten der Grande Armée, ·displaying· (showing) all kinds of soldiers and regiments, one by one, 150 metres long, two metres high, but you can hardly make out (recognize) a thing . . .

"Lästere nicht, W. Was heißt übrigens 'lästern'?"

You could say "don't blaspheme", *bläsfi-m*. Aber leichter und alltäglicher wäre wohl "runtermachen": "don't ·run down· everything." Well, Doosie, I won't: just look at that big group sculpture at the right-hand side of the Arch, "La Marseillaise". Isn't it splendid? The dash of it, der Schwung! Let's go under the Arch, Doosie, and read this:

Ici repose un soldat mort pour la patrie

Here lies a soldier who died for his country. Das Grab des Unbekannten Soldaten, the Tomb, *tu-m,* of the Unknown Soldier, the first monument of this kind in the world. A little bigger than our lovely marble tablet at Portofino, und dennoch: Wie großartig und lapidar doch die französische Sprache sein kann! Obwohl mir diese Sprache ehrlich gesagt, frankly, manchmal *auch* auf die Nerven gehen kann: it's part of the "gloire" – it's ·priggish·, selbstgefällig und eitel.

"Doubleyou!"

Die Franzosen sind ja so schrecklich stolz auf ihre Sprache und glauben, mit ihr die "logique" und die "raison" und selbstverständlich auch alle "élégance" gepachtet zu haben. La grande nation! Unlike Britain (Dein "contrary to") – ·unlike· Britain, the French have not yet learnt that they are no longer a big power.

"Don't run down everything, Doubleyou."

I love you, Doosie, ich habe Dir also "run down" beibringen können, hurra! Es lebe Frankreich! But I ·cannot help· feeling that the French language is just a bit too perfect. Perfect things are dead. Wenn ich zum Beispiel die Wörter "La condition humaine" in einem französischen Buch lese, klingt es für mich wie ein Klischee, just like a cliché, *klí-schei,* abgedroschen und verbraucht. But when I read the very same words in English, "The human condition", then the words come to life again: frisch wie am ersten Tag. Ich weiß, Doosie, das mag ein bißchen lächerlich von mir sein, ridiculous, *ridíck-,* but –

"You *are* ridiculous, Doubleyou, and please stop – stop this – dieses Dozieren!"

Dozieren, Doosie: to ˑlectureˑ, ein Hundert-Dollar-Wort: einen Vortrag halten, insbesondere aber auch unerträglich "predigen", "anöden", *lécktsch(e)*.

By the way, it's time for lunch. Solltest Du ein Schild eines der sprichwörtlichen "Bistros" suchen, so steht das nirgendwo angeschrieben. Was sich "Bar" oder "Brasserie", ja auch manchmal "Café" nennt, ist ein Bistro, und meistens ißt man dort ziemlich schlecht, at least ˑin my experienceˑ, *ikspí-*, meiner Erfahrung nach. Let's go and have lunch at a good restaurant, but not a "posh" one with padded bills, Nepp-Rechnungen. I suggest *La Méditerranée*, Place de l'Odéon. (Hope they give us a free lunch for being recommended here; but perhaps these bloody-*bláddi* Frogs don't understand English.)

Das Restaurant ist ein gutes Stück entfernt von unserem Arc de Triomphe, wir müssen über die Seine zum "Rive gauche", Left Bank, ins Quartier Latin. Wir können immer noch ein Taxi nehmen, wenn wir's zu Fuß nicht schaffen, if we can't ˑmake itˑ on foot, but I hope you like walking the streets of Paris.

Seeing these streets and crossing the Seine with you, I have that strange feeling of "déjà vu" – you can also say so in English, es heißt ja auch im Deutschen so. Ich meine das Gefühl, diese Straßen, diese kleinen Läden hier, diese wundersam silbrige Pariser Luft "schon einmal gesehen" zu haben, auch wenn man das alles zum erstenmal sieht. The reason for this is the fact that, in Paris, *others* have seen these things before you: painters like Monet, Renoir, Utrillo, or writers like Victor Hugo, Balzac, Stendhal. That's why – deshalb – ˙that's why˙ you are never alone in Paris, and always in excellent company, in bester Gesellschaft. Das macht bescheiden, modest, or rather ˙humble˙, *hambl*, "demütig": denn nichts wird man in dieser Stadt sehen oder sagen können, das andere nicht schon viel besser gesehen, gesagt, genossen, gelitten – und gelästert haben. Déjà vu. Man fühlt sich geborgen. Vive Paris!

Der Luxembourg-Park da rechts zum Beispiel: Hier haben sie gemalt, die Renoirs, Monets, Pissarros. Hier haben sie gesessen, auf diesen Stühlen, die Balzacs, Zolas, Prousts und Sartres, thinking things over. Und hier gegenüber, auf dem "Boul' Mich", haben sie geschrieben, in irgendeinem Kaffeehaus: Alphonse Daudet, for instance, writing in one of these cafés his lovely tales from the Provence, *Lettres de mon moulin.* Vielleicht kann man "Briefe aus meiner Mühle" *so* provenzalisch nur in einem Pariser Kaffeehaus schreiben.

Shall we enter the Jardin du Luxembourg? If you ask me, this park is a little bit too regular ˙to my taste˙, too symmetrical and formal, as is the French style. I prefer (I like better) the English style, the natural landscape garden. Der streng "geometrische" französische Park ist, it seems to me, wieder einmal ein Tribut an die französische "logique" und "raison". Im Park von Versailles ist das ganz besonders schlimm, und –

"Doubleyou, nun fang nicht schon wieder damit an!"

All right, Doosie, *all* right, come on and sing with me right here, on Boul' Mich:

> The last time I saw Paris,
> her heart was warm and gay.
> I heard the laughter of her heart
> in every street café ...
> (Oscar Hammerstein)

Na, nun sing schon mit!

P.S.

Well, I must say "La Méditerranée" is quite all right. My rumpsteak was ˙delicious˙, *dilísch(e)s*. I had it done "medium", *mí-*, i.e. (d.h.) neither "well-done", durchgebraten, nor "underdone", blutig. How was yours?
"*dilísch(e)s!*"
Gelehriges Kind! Aber man sagt das in der Tat, actually, sehr oft, auch dem Gastgeber gegenüber, wenn man das Essen wirklich genossen hat. Und dann der Käse, den wir hatten, dieser göttliche-divine-*divaiñ* Brie, und Dein Chavignol! France is the country of cheeses. De Gaulle had this to say about it: "You can't govern, regieren, a people that produces more than three hundred and fifty kinds of cheese."

Satt und müde wie wir sind, full and fatigued as we are, let's have a gentle repetition. Sanft, gentle, ohne Abhören, nur "überdenkenderweise". If you want to examine yourself, you can always put your hand over my answers. Na, das habe ich schon mehrmals gesagt, sorry.

1. "Frankreich, im Gegensatz zu England ..." Da zerbrichst Du Dir sicher oft den Kopf, ob es "contrary to" oder "in contrast with" heißen soll (beides an sich korrekt), während es ein sehr viel einfacheres und häufigeres Wort gibt. Na? ...... France, ˙unlike˙ Brit-

ain ... Übrigens, wo ich Dir "Frogs" als Schimpfwort für die Franzosen beigebracht hab, hier, to be fair, ein solches für die Deutschen: ˙Krauts˙, *krauts*, von "Sauerkraut".

2. "Meiner Erfahrung nach" (– ißt man in Bistros ziemlich schlecht). Remember? ...... in my experience. Und wie würdest Du sagen: "für meinen Geschmack" (– sind die französischen Parks zu ausgetüftelt)? ...... to my taste.

3. "Einen Vortrag halten", aber auch "dozieren", unerträglich "predigen". (I know, Doosie, I ˙tend˙ to do that, ich "tendiere", ich neige dazu.) ...... to lecture, *lécktsch(e)*.

4. Jetzt mal vom Englischen ins Deutsche, drei Wörter, die vorkamen: (a) admittedly; (b) to run down something; (c) humble, *hambl*. Nun? ...... (a) zugegeben(ermaßen); (b) etwas "runtermachen"; (c) eigentlich "demütig", aber sehr oft einfach im Sinne von "bescheiden" gebraucht, zum Beispiel: ˙in my humble opinion˙, meiner unmaßgeblichen ("bescheidenen") Meinung nach.

5. "In Paris ist gleichsam alles ein bißchen abgestanden (stale)." Auf das "gleichsam" kommt's hier an. Sie könnten sich zur Not mit einem "so to speak" herausreden. Aber es gibt da etwas Besseres, viel Eleganteres, geradezu Hochgebildetes, das übrigens meistens *nachgestellt* wird. ...... In Paris, everything is a little stale, as it were.

"Finde ich nicht, Doubleyou."

Was findest Du nicht?

"Das mit dem 'stale' in Paris."

Süßes, es ist ja nur der Übung halber, for ˙practice˙.

"Das mit 'nur der Übung halber' ist eine ganz perfide Art, mir Ihre Meinung unterzujubeln, W. Und wie kommst Du denn überhaupt zu diesen Verallgemeinerungen über Paris, these generalizations – "

Doosie, noch besser: ˙sweeping statements˙.

"Bist Du denn überhaupt schon früher einmal in Paris gewesen, have you überhaupt, na, actually – have you actually been to Paris before?

I actually have, Doosie. It's a ˙somewhat˙ (etwas, ziemlich) – it's a ˙somewhat˙ complicated story. ˙Ages ago˙, vor Ewigkeiten, in my exile days, I was chasing ("jagend") horses, pussy-cats, dogs, sunsets, funny Mordillo cartoons, and naked girls all over Paris. I did it for "Scandecor", the world-wide poster producers ("Poster" sagt man ja auch auf deutsch) whose headquarters, or centre, was and still is in Uppsala, Sweden, the town of my exile. Ich rannte von einer Foto-Agentur zur anderen, vom Westen nach dem Osten, Süden, Norden von Paris, voller Verzweiflung, full of despair, denn es ging um meinen Kopf, meine Anstellung nämlich, it was "neck or nothing".

I had lunch with Mordillo; I went to bed with an elderly lady who had a picture agency (sunsets, cats, giraffes), only to ˙bargain˙, handeln, feilschen, for a better price of a bloody white swan-*swonn*-Schwan; I saw no end of ˙slides˙, Dias, including no end of nudes, *nju-dz*, Aktbilder, but nothing helped: ich fand kein Motiv, das meine Arbeitgeber in Uppsala für ein neues Poster akzeptierten (they already had so many cats and nudes), so I was ˙fired˙, gefeuert. As a result, I hated Paris.

"Das merkt man, Doubleyou."

That's nasty of you, Doosie, ganz gemein ist das von Dir. Zur Strafe wird abgehört, Liebling, und zwar wird dieses PS abgehört. So etwas will nämlich *auch* aufmerksam gelesen sein, nicht nur "passiv". Es geht um Deinen aktiven Wortschatz, Schätzchen.

1. "Mein Rumpsteak bitte durch / halbdurch / roh." Auf englisch bitte. Auf französisch übrigens, da wir nun einmal in Paris sind: bien cuit / à point / saignant.

2. (sprachliche) "Übung". Bitte nicht das etwas schulenglische "exercise".

3. handeln im Sinne von "feilschen".

4. Dias.

5. "Meiner unmaßgeblichen ('bescheidenen') Meinung nach."

1. I'd like to have my rumpsteak well done / medium / underdone. 2. practice. 3. to bargain. 4. slides. 5. in my humble opinion.

Das wär's. That's that. Wenn Du inzwischen wieder hungrig geworden bist, empfehle ich Dir hier im "Méditerranée" einen *riz à l'impératrice*, einen köstlichen – delicious – Reis mit Himbeerkonfitüre. Auf englisch: weiß ich nicht.

STILL IN PARIS

Hitting the Nail on the Head

Notre-Dame. In full: Notre-Dame de Paris, Our Lady of Paris. The Queen of Cathedrals. The cathedral of Chartres may be in purer Gothic, "himmelstrebender" ·for all I know· (was weiß ich!), and your Kölner Dom may be bigger – but this, ·to me·, is one of the most impressive buildings I know. Dabei meine ich Notre-Dame von außen. Von innen ist sie viel weniger eindrucksvoll, much less impressive, *impréssiv*, als der Kölner Dom, und außerdem ziemlich dunkel.

Aber die Fassade! Unten romanisch, Romanesque, *-nésk*, oben gotisch, Gothic, wie es sich für eine anständige Kathedrale gehört, as becomes a decent cathedral, die eben nicht an einem Tag gewachsen ist, sondern stufenweise, ·gradually·, seit dem 13. Jahrhundert. (Some women are Romanesque down below, stämmig gedrungen – and Gothic above, schlank und rank. I find that very attractive.)

"Laß das sein, Doubleyou."

Und ganz oben nicht diese kindisch spitzen Turmhelme! Towers only, Türme; no spires, Turmspitzen, just as so often in England. In Paris, the reason for this was probably lack of money, Geldmangel. But also, perhaps, a feeling that a pointed vertical spire, so ein Spitzturm, didn't harmonize with the three horizontal lines of the front of Notre-Dame. Mark (gib acht auf) – ·mark· these three mighty horizontals, Doosie! Viollet-le-Duc, der tüchtige Restaurator der Kirche um 1850 herum, respektierte das und setzte trotz allen Geldes, das ihm zur Verfügung stand, keine Spitzen auf diese herrlichen Türme. Hut ab vor ihm, hats off! Aber die weltberühmten Chimären und Wasserspeier von Notre-Dame, the monsters and gargoyles, the famous "vampire" for instance, die von Touristen als Meisterwerke des grausamen Mittelalters angesehen werden – die hat alle dieser Viollet-le-Duc gemacht, a ·hundred-odd· years ago, vor gut hundert Jahren. But they're beautiful, aren't they?

Doosie, bitte übersetzen Sie: "Aber sie sind schön, findest Du nicht?" Sollten Sie sich über das "findest Du nicht?" den Kopf zerbrechen, so sind es die letzten zwei Wörter des vorigen Absatzes. Ja, ja, ich weiß, wir hatten das schon einmal.

Übrigens, by the way, during the French Revolution many of the cathedral's religious and royal statues were brutally destroyed, zerstört. God was abolished, abgeschafft, and the cathedral was renamed "Temple de la Raison". This is typical of the –

"Fang nicht wieder an, auf die französische 'Raison' zu schimpfen!"

Far from it, Doosie, nicht im entferntesten! Das war damals das Zeitalter der Aufklärung, the age of ·Enlightenment'. Things were different then. Voltaire! Diderot! We 'owe', *ou*, schulden – we 'owe' much to France.

Nein, die fast ebenso berühmte Sainte-Chapelle, nur einen Katzensprung von hier – only a stone's throw –, die brauchst Du Dir, 'unlike' Notre-Dame, nicht von außen anzusehen, da ist alles drinnen. Inside, it's a symphony of stained glass windows, Glasmalereien – Fenster neben Fenster, fast ohne Wände. The whole thing was designed some time in the 1200s as a shrine – als ein Reliquienschrein für die angeblich echte Dornenkrone Christi, the Crown of Thorns bought by Louis IX in 1239 for 135,000 pounds from the Byzantine emperor. (Ich habe das aus meinem Reiseführer.) Na, das ist ja vielleicht weniger interessant, aber ein heiliger Schrein, ein herrlicher, ist sie geblieben, diese kristallen durchsichtige Sainte-Chapelle.

To change the subject, um von etwas anderem zu reden (häufige Redewendung im Englischen) – 'to change the subject', let's take a taxi and see the Centre Pompidou, das ultramoderne Gehäuse des Pariser Kulturzentrums, das architektonisch zur Sainte-Chapelle paßt wie die Faust aufs Auge – 'like a square peg in a round hole', "wie ein viereckiger Pflock in ein rundes Loch". The Centre is said ("es soll...") – it is said to attract more tourists than the Eiffel Tower, Versailles and the Louvre put together.

Na, was sagst Du dazu?

"It looks like -- like an ocean steamer..."

Doosie, vielleicht noch etwas besser: ocean liner.

"I mean it looks like an ocean liner – was heißt 'reingeworfen', 'reingekippt', W?"

Dumped.

"Like an ocean liner dumped right into the city of Paris."

That's 'hitting the nail on the head', Doosie, den Nagel auf den Kopf usw. Vielleicht könnte man hinzufügen, one might 'add', perhaps: ein veralteter, teilweise schon rostiger Ozeandampfer, mit seinen ganzen Eingeweiden – Treppen, Röhren, Kabeln, Stützen – nach außen gekehrt, 'turned inside out'. Some people find it beautiful and epoch-making. To me, it's "like the curate's egg" – remember, darling, Ascona?

Nein, Doosie, möglichst nicht, möglichst draußen bleiben. Da drinnen im Centre Pompidou ist zugegebenermaßen, admittedly, gute moderne Kunst zu sehen – Matisse, Mondrian, Kandinsky, Klee, but then there is so much Op Art and Pop Art there – frankly, wo wir noch den Louvre vor uns haben ... Laß uns lieber schnell den Platz hier seitlich ansehen, la Place Igor Stravinsky, mit dem entzückenden Brunnen voller mobiler Skulpturen. They are creations by Tinguely and his wife or ex-wife Niki de Saint Phalle (funny name, a bit on the piquant-*pí–k(e)nt* side, isn't it, aber alter französischer Adel). Well, anyway, Niki's colourful "Firebird" (Stravinsky!) happily squirting-spritzend water in the middle of the fountain is, 'in my humble opinion', "not so bad" (British understatement).

Für den riesigen Louvre (190,000 square metres – mark the "English" comma for thousands) – für den Louvre gebe ich Dir fünf Kunstwerke frei, nicht mehr, damit wir überleben, in order to survive, *s(e)vaïv*. Please make your choice.

"You're a bully, W!"

Hast Du ·bully· von mir? Großartiges Wort. Schwer zu übersetzen, etwa: Tyrann, Chauvi. Even so, Doosie, trotzdem, make your choice, we simply must survive in that ocean of the Louvre.

"OK then, Doubleyou: the Mona Lisa as Number One."

Du wirst sie nur von weitem sehen können, Doosie, through bullet-proof glass, Panzerglas. Eine gute Reproduktion ist da viel schöner, auf jeden Fall viel deutlicher: those gentle shadows *under* her skin, ·as it were· (gleichsam!), which explain much of the mystery of her famous smile. Na schön, laß uns trotzdem hingehen, if only to look at the tourists looking at her ...

Your second ·suggestion·, Vorschlag, Doosie?

"Dear bully, the Venus of Milo perhaps. Is it *Mailou* or *Mi-*?"

Both. But to be precise, it's the Venus *de* Milo in English. Als ich jung war, fifty-odd years ago, stand sie feierlich ganz allein in einer schönen Rotunde. But now she has been "democratized", *dimóck-*, standing in a big hall together with dozens of other venuses, *ví-n(e)ssiz*. Pity. Die Louvre-Herren lieben offenbar keinen Starkult. But of course we'll go and see her.

Your third suggestion, Doosie?
"Don't know."
I suggest the Pietà d'Avignon, a majestic work done by an unknown painter some time around 1450: Maria (Mary) mit dem toten Heiland in ihrem Schoß, in her lap, neben ihr Johannes (Saint John) und noch andere Figuren, alle auf goldenem Hintergrund.

Ich sah dieses großartige, übrigens mehrere Quadratmeter große Gemälde zum erstenmal als Achtzehnjähriger. I was deeply impressed and bought a picture postcard of it. That postcard accompanied me throughout the fifty years of my exile, always lying on my writing desk – in Spain, in Italy, in France, and in Sweden. Das Bildchen ist in all diesen Jahren stark verblichen, badly faded, ist auch ein bißchen verschmiert, smudged, but it still lies on my writing desk, on *our* writing desk at home, Doosie, in Hamburg. Endlich zu Hause! Ich glaube, dies kleine Kärtchen ist mein kostbarster Besitz.

Then, as my fourth 'suggestion', there is the Virgin of the Rocks (*vö-djin*, Jungfrau), die Madonna in der Felsengrotte von Leonardo da Vinci. Noch schöner als seine Mona Lisa, finde ich. Sieh Dir nicht nur das unsäglich liebliche Gesicht der Maria an, and her beautiful hand blessing her child (to bless: segnen), but do look at the modest little plants in the lower left corner: Wie von Gott selber für dieses Bild geschaffen, wachsen diese Pflanzen da in der halbdunklen Grotte.

Meinen fünften Vorschlag kann ich nicht machen,

denn den siehst Du ohnehin, wenn Du den Louvre betrittst, hoch auf dem oberen Absatz der ersten Treppe: Es ist die ebenso große wie großartige, mit fliegendem Marmorgewand auf dem Bug eines Schiffes stehende Nike von Samothrake, the goddess of victory ("nike", Greek, "Sieg") – a masterpiece of Hellenistic sculpture, about 200 B.C. (before Christ).

Aber: Fast die größten Juwelen der Malerei, die gibt es nicht mehr im Louvre. After the last war they were moved, *mu–vd*, wegtransportiert, from the Louvre to a small and lovely building nearby, the "Jeu de Paume", where they were hanging all by themselves, ganz für sich allein – das war wunderbar. But recently, unlängst, they were moved again, to the new Musée d'Orsay, einem großen, kürzlich restaurierten Bahnhof aus der Belle Époque, der "Gründerzeit". Da hängen sie nun, diese köstlichen Gemälde, hoch im zweiten Stock über einem Wust von mehr oder weniger akademischen Malereien aus dem vorigen Jahrhundert. Pity. Aber da hängen sie nun einmal, diese Unsterblichen.

I mean the Impressionists, *imprésch(e)nists*. We must see them *all*. No "five suggestions" this time. Laß uns das Erdgeschoß überspringen, let's ˑskipˑ it – am besten, Du bindest Dir etwas vor die Augen, um Dich an all diesem Gemale nicht müde zu sehen – and let's go right up to the second floor, to enjoy them one by one: Renoir, Degas, Gauguin, Monet and Manet, Toulouse-Lautrec, Cézanne, van Gogh and all the others. It's a ˑmustˑ, Doosie, "es ist ein Muß". It's the greatest thing you can see in Paris: here is France, la grande nation.

Cézanne's apples! Renoir's women! Degas' dancers! Gauguin's South-Sea colours! van Gogh's flowers! Monet's landscapes! Manet's "Olympia"!

By the way, Doosie, do you know the difference between Monet and Manet?

"Später, Doubleyou. Erst mal der Louvre, ja?"

P.S.

Good heavens, du lieber Himmel, jetzt fällt mir ein, daß wir den Eiffelturm vergessen haben. Well, ˙it's no use crying over spilt milk˙, etwa: "weg ist weg". For the rest, I think we can ˙skip˙ the Eiffel Tower, ihn sein lassen, Du kannst ihn ja hier aus dem Hotelfenster sehen, dort hinten. Wie Du siehst, ist er ganz ordentlich hoch, it's ˙pretty˙ high, and then it's hanging.

"What do you mean by 'hanging', W?"

The thing doesn't look as if it's standing on its feet, from the ground upwards, but it looks as if it were hanging, like a net-Netz, from the sky downwards, doesn't it?

"Na ja, Doubleyou, wie man's eben sieht. Wie würdest Du 'wie man's eben sieht' auf englisch sagen?"

Wenn Du Dich sehr gebildet ausdrücken willst, dann sag: "It's in the eye of the beholder", nach dem schönen Sprichwort "Beauty is in the eye of the beholder", Schönheit liegt im Auge des Betrachters. Sonst, otherwise, wenn Du Dich alltäglich ausdrücken willst, sag einfach: it depends on how you see it, es hängt davon ab, wie usw.

"I see it *hanging* now, Doubleyou."

That's awfully sweet of you, Doosie. By the way, ˙you may be interested to know˙ that, according to

89

(nach, gemäß) – according to my German guidebook to Paris, the Eiffel Tower is 320.75 metres high (please note the English decimal *point*, not a comma), and that it was built for the 1889 Paris World Fair by three hundred workers using two and a half million *Nieten*. Wenn ich nur "Nieten" auf englisch wüßte. Beim Lotterielos ist das a blank: to draw a blank. Eine menschliche Niete is a wash-out or a failure. Und eine technische Niete? Wenn ich nur Langenscheidts "Kleinen Muret-Sanders" bei mir hätte, ein großartiges Wörterbuch, aber dieser "Kleine" ist mit seinen 2496 Seiten, fast Din A4, etwas zu schwer für meinen Koffer.

"My pocket dictionary says 'rivet' under *Niet*, Doubleyou. What is a *Niet*?"

– a rivet, darling. Yes, I remember now, a rivet is actually a Niete. Aber was ist nun folgendes:

1. "Gut hundert Jahre" (nicht älter sind die "mittelalterlichen" Wasserspeier von Notre-Dame). "Gut fünfzig Jahre ist es her" (da stand die Venus von Milo allein in einer schönen Rotunde). Auf englisch bitte, ohne die Erklärungen in Klammern (Klammern: ·brackets·, *bräckits*), und ohne "over" – over a hundred years etc., was man schließlich auch sagen kann.

2. Das Centre Pompidou *soll* ... (mehr Touristen anziehen als der Eiffelturm, Versailles und der Louvre zusammen). In English please, without the words in ·brackets· (pedantischer: in parantheses).

3. Überleben (nämlich die Louvre-Kilometer).

4. Bitte nehmen Sie einen Bleistift und schreiben Sie

"190 000" (Quadratmeter groß: der Louvre). Und weiter "320,75" (Meter hoch: der Eiffelturm). Und zwar auf englisch, in Ziffern, figures, without the stuff in brackets.

5. Ein Tyrann, Chauvi, kleiner Hitler (kann man übrigens auch von Frauen sagen). Ein Hundert-Dollar-Wort.

What shall we do next, Doosie, as a ‛red herring‛, um Sie von den Antworten abzulenken?

"Sie wollten mir doch den Unterschied zwischen Monet und Manet erklären, Doubleyou."

Na, das war eher als ein Scherz gemeint, it isn't as simple as that, so einfach ist das nun auch wieder nicht. But anyway, let me try. Monet, I should say, is an impressionist, perhaps even *the* impressionist. While Manet is a great painter – perhaps greater than Monet – who ‛happened‛ to be an impressionist, der *zufällig* einer war.

Remember Manet's superb "Déjeuner sur l'herbe"? In German: Frühstück im Grünen; in English: Lunch on the grass. Inhalt: Zwei Herren, von Kopf bis Fuß höchst konventionell angezogen, konversieren arglos im Gras, neben einer ebenso arglos dreinblickenden, splitternackten Frau. Naturally, the picture was rejected, abgelehnt, by the jury of the important Paris "Salon" in 1863. And then his fantastic nude, Akt, the "Olympia"! After scandalized ‛reviews‛, Kritiken, the Olympia was later shown, as something like a status symbol, at the Paris World Fair in 1889. Such is life.

Sag mal, Doosie, wie liest Du mir denn diese Jahreszahlen?

"Auf deutsch, W!"

Laß das bitte sein. Lies jetzt bitte die letzte Jahreszahl, 1889, hübsch laut auf englisch.

"Eighteen hundred and – mit oder ohne 'and', W? – and eighty-nine."

Nein, mein Süßes. Sprich Jahreszahlen bitte einfach so: "eighteen eighty-nine", "nineteen fourteen" und so weiter. OK?

1. a hundred-odd years; it's fifty-odd years ago.
2. The Centre Pompidou is said to . . .
3. survive. Übrigens, wenn ein Freund Dich auf englisch nach Deinem Ergehen fragt, gibt es für Dich immer die kurze und recht lustige Antwort: "Surviving".
4. 190,000; 320.75.
5. a bully. Man kann das natürlich auch *tun*, also auf jemanden herumtrampeln: to bully.

Guck mal, wie schön der Eiffelturm jetzt in der Nacht aussieht, mit all den Lichtern –

"It's *standing* now, Doubleyou!"

Was hast Du denn da für ein Nachthemd an, chérie, ist ja umwerfend, smashing – where did you get it?

"à Paris, monsieur."

note
the
horizontals!

only a 100-odd years old...

hanging?
Standing?

IN THE LOIRE VALLEY

Learning to Indulge

We have lots of choices, Doosie: we can bike, radeln, along the Loire, through this "garden of France", as they call these parts – und wie Du siehst, besteht dieser Name zu Recht. La douce France! Zum Radeln können wir ein Fahrrad am nächsten Bahnhof mieten. Or we can rent a car since you've got a driving licence, Führerschein – my own licence is more than fifty years old, and Spanish to boot (noch dazu), aus der Zeit, als ich Chauffeur eines Orangenmagnaten in Valencia war. Or else we can rent a houseboat: the type they have here is very easy to handle. Or we can paddle in a canoe-*k(e)nú* down the Loire. And finally we can *walk*, but I'm against it: ich bin ein Kaffeehausliterat. Now, what's your choice?

"Radeln, Doubleyou."

I'm afraid of a puncture, Doosie, Reifenpanne. And then, think of my age.

"If we have a punc–"

pánktsch(e), Geliebte.

"I mean, if we have a *pánktsch(e)*, Doubleyou, what about a 'Lunch on the grass' by Manet, while I'm repairing the tyre, *taï(e)*, Reifen? Soll ich ·Wichtigkeitspünktchen· für 'tyre' setzen, und für 'what about'? Im übrigen können wir immer noch ein Taxi nehmen, wenn Du nicht weiterkannst."

Fair enough, Doosie, das klingt (einigermaßen) vernünftig: ·fair enough·. Also ich schlage vor: Wir gehen jetzt erst einmal zum Bahnhof von Tours, leihen uns zwei Räder aus, two bikes or bicycles, nehmen sie im Taxi mit nach Bois, und von Bois aus radeln wir gemütlich in die Wälder und zu den Seen der Sologne, da ruhen wir uns von Paris aus und *essen* erst mal: the food of the Loire valley, "the most French of all French provinces", is ·super·, *sú-p(e)*, fabelhaft (Modewort). Let's ·indulge·, *indáldj*, schwelgen, uns hingeben, uns verwöhnen (·we can afford it·). Also, the people are friendly here – more so than the Parisians, aber dazu gehört nicht viel – well, *very* friendly they are, and ·easygoing·: unbeschwert, gemütlich, playing "boule" all the time. Es geht ihnen eben gut, auch haben sie nie unter einer Hungersnot in dieser gottbegnadeten Gegend gelitten. In addition, außerdem, they're said so speak the purest French, at least they say so themselves.

Na, das ging ja gut mit den zwei Rädern auf dem Taxi. Süße Stadt, Tours, nicht? (... isn't it?) The discreet charm of French provincial towns! They're a bit backward perhaps, zurückgeblieben, but that is ·hardly· a disadvantage these days, ·kaum· ein Nachteil, oder? (... is it?)

Look, Tours Cathedral. Die ist eine Musterkarte – a sampler of all the styles from the twelfth to the sixteenth century, from Gothic down at the bottom to early Renaissance up at the top. Kein Schulbuch über Stile könnte ausführlicher sein. Weshalb die Kathedrale, besonders die Fassade, auch ziemlich blöd aussieht, pretty silly (doesn't it?).

I've got an idea: Let's tell the taxi driver to make one or two detours, *dí-tu(e)z*, Umwege, passing some châteaux, *schátouz*, on our way to Blois. Wie Sie vermutlich wissen, gnädige Frau, ist das Loire-Tal besonders wegen seiner Schlösser berühmt. You may call them "castles", but the proper name for the castles of the Loire is actually "châteaux", in English too. Es soll hier über hundert Schlösser geben, und ein energischer Tourist "macht" ("does") etwas sechs am Tag. We won't!

"I want to do *twelve* a day, Doubleyou, *please*!"

·That's the spirit· (bravo), sweetheart! Dann brauchst Du aber auch ein bißchen "Hintergrundinformation", some background information: All these castles belonged to the kings of France or to rich noblemen – des Königs Obersteuereinnehmer zum Beispiel! The golden age of these late-Renaissance châteaux was ·roughly·, *ráffli*, ungefähr, from 1500 to 1530. Alle von Vorbildern in Italien kopiert, wo die französischen Könige ihre mißglückten Feldzüge führten. Um so größer und prächtiger haben sie dann ihre Loire-Schlösser gebaut: sie wollten die Italiener damit ausstechen, they wanted to ·outdo· the Italian palazzi.

Merci, monsieur, arrêtez-vous ici un moment, s'il

vous plaît. Ich hab den Fahrer eben gebeten, zu halten – ach so, Du verstehst Französisch, Doosie, sogar meins, 'tschuldigung, sorry. Da rechts ist nämlich das Schloß Chenonceaux, berühmtes Wasserschloß, a "moated castle" heißt Wasserschloß wohl auf englisch, falls es Dich interessiert. Komm, wir bleiben hier ein paar Minuten.

Entzückend, nicht? Steht im Wasser nicht aus Verteidigungsgründen, sondern damit sich diese Türmchen und Arkaden schön im Wasser spiegeln – the kings of France were playful fellows, verspielt wie wir, Doosie. For instance, Henry II of France gave this château to Diane de Poitiers, his beautiful mistress, Geliebte, zur flammenden Wut of his ugly wife, the Florentine banker's daughter Catherine de' Medici. After her husband's death, Catherine threw Diane out of the castle, warf sie hinaus, and then used the place for lascivious festivities, intriguing against and spying on the men of the court, Hof, through her "escadron volant" of dozens of pretty, and pretty free, girls. (Das erste "pretty": hübsch, das zweite "pretty": ˙ziemlich˙.)

Nein, Doosie, wir brauchen nicht hineinzugehen, viele dieser Schlösser sind ziemlich leer, ˙pretty˙ empty, weil sie angeblich, allegedly, während der Französischen Revolution geplündert worden sind. (The French, it seems, blame everything on their Revolution.)

Ach, wie nett, da hat uns doch der Taxifahrer an Blois vorbei auf einem Umweg (detour!) erst mal nach Schloß Chambord gefahren: about 1530 or so, Francis I, three ·asterisks·, drei (Baedeker)-Sternchen, "biggest in the World". Von dieser Allee aus sieht's ja wirklich imposant aus, impressive, imposing. Aber je näher man herangeht – let's do so, Doosie – ist's ein Steingebirge. Für die Sansculotten der Französischen Revolution, so wird berichtet, war das Ding ganz einfach zu groß und zu klobig, um es abreißen zu können, to pull it down. Nearly five hundred rooms, almost four hundred chimneys, Schornsteine, innumerable turrets (small towers) and gables-Giebel, the whole thing surrounded by a wall thirty-odd kilometres long – et cetera. Three asterisks, *äst(e)-*, and leave it at that.

Bitte nicht reingehen, Doosie, for one thing because of the French Revolution, and for another because of those imbecile tourist guides, Fremdenführer. (Nein, Doosie, it's *ímbisi-l.*) Vielleicht würde uns ein guter Führer auch auf das Riesendach mit den tausend Türmchen und Giebeln führen, auf dem die Damen und Herren damals ihre Schäferspielchen spielten, aber man sieht ja genug von hier aus, oder? ·Correct me if I'm wrong·, Doosie, korrigieren Sie mich, wenn ... For the rest, we won't find a single renaissance WC there, kein einziges. As in Versailles, they did it on the marble stairs. Contemporaries, Zeitgenossen, were shocked at the "horrible stink" of the palace.

Und weiter können wir uns das abendliche Spektakel von "Son et Lumière", Sound and Light, schenken – a historical show for Neckermann tourists and the like, with hundreds of spotlights, Scheinwerfern, loud-

Azay-le-Rideau

speakers and costumed actors, including Leonardo da Vinci who lived nearby toward the end of his life and ˑis saidˑ (soll!) to have designed the ingenious – deutsch: geniale – flight of stairs of the central tower of Chambord, diese großartige Treppe.

Nein, das Spektakel von "Son et Lumière" können wir uns wie gesagt schenken. Übrigens: "Spektakel" heißt auf englisch nicht "spectacle" (engl.: Schaustück), sondern eher ˑracketˑ, das außerdem ein herrliches Wort für "Schwindel" ist. Und "wir können uns das schenken", dieses Spektakel, auf englisch bitte, wir haben's schon oft gehabt – na?

"We can skip it, chéri."

Good girl. Und überhaupt: Let's skip the rest, all

those castles I mean, wir müssen ja nicht überall hingehen, ich kann Dir das alles notfalls beschreiben, describe, oder zeichnen, draw, besonders das süße Wasserschloß Azay-le-Rideau, ein Renaissance-Schmuckkästchen, my favourite – "a shining diamond set in the river" (Balzac).

Außerdem finde ich, wir gehen erst gar nicht nach Blois (big castle, three asterisks, famous Treppenturm), wir schicken den taxi driver einfach nach Hause und radeln ein paar Kilometer weiter. Wir sind doch jetzt schon in der lieblichen Sologne, und da wollten wir ja hin. Die Wirtshäuser hier und die Weine! Let's – na, wie heißt es noch, dieses sich Hingeben, Schwelgen, sich Gehenlassen?

"Let's indulge, mein Herr."

P.S.

Say "Wine", Doosie!

"*Wain*"

Gut! That's the spirit! Sie haben's gelernt, Sie haben "geblasen"! Herrlich, dieser federleichte Wein der Touraine; schön, daß wir den bestellt haben.

So, und nun unser Menü, our menu, *ménju*. Shall we have the same things, oder jeder was andres?

"Les mêmes choses, monsieur."

Finde ich auch. "Togetherness".

Well, as an hors d'œuvre (Englisch!) I recommend *champignons farcis*, stuffed ("filled-up") champignons, *schämpinj(e)nz* – Du kannst's aber auch französisch aussprechen. Danach, finde ich, *friture de Loire*, small deepfried (fritiert) fish from the Loire, delicious, *dilisch(e)s*! Einverstanden?

"d'accord!"

As the next course, Gang – we have to take our time, Doosie, a French dinner usually lasts about two hours – well, as the next course I'd like to suggest *coq au vin*, Hähnchen in Weinsauce – in English, I believe, it's also "coq au vin." (just say so at the Ritz in London: they'll understand you).

And then our cheese, Geliebte. I recommend the regional goat's cheese, *chèvre*, Ziegenkäse. And for dessert, *dizö-t* wie gesagt, let's have *la tarte au chocolat*, the special chocolate cake of Blois, wo wir Blois doch nicht gesehen haben. Dazu ein schöner Dessertwein, preferably a Vouvray pétillant, leicht perlend. Wie hieß es noch, Doosie – na, bitte mitsingen:

·We can afford it·

Ach, Doosie, wo es uns hier in diesem entzückenden Gasthaus in der Sologne so unverschämt gutgeht, muß ich an Antoine de Saint-Exupéry denken. You may know his lovely children's book "The little Prince" (Le Petit Prince), one of the sweetest books I've ever read – or his "Wind, Sand, and Stars". Aber ich denke an ein anderes Buch von ihm, ich glaube, es hieß "Lettres de la France", während des Krieges geschrieben (he was killed in an air crash in 1944) – I read that book in lonely hours of exile, in Sweden. Es mag in einer jener Stunden gewesen sein, da ich nach vielen Jahren in der Fremde entdeckte, daß ich meine Sprache verloren hatte, weil mir zum ersten Mal bewußt wurde, was Sprache überhaupt ist: Standort, Bezug, Dabeisein dürfen.

In that book, as far as I remember, Saint-Exupéry was hiking, wanderte, in the Loire valley and, tired as he was, entered an inn for a glass of wine – perhaps this very inn, gerade unser Gasthaus, Doosie.

Das Gasthaus, das er betrat, war leer, bis auf einen Tisch, um den zehn oder fünfzehn blutjunge Soldaten saßen. They beckoned him, as he sat alone at his table, to join them, winkten ihn heran an ihren Tisch. He ·joined· them, er gesellte sich zu ihnen, und als er da mit ihnen saß, unter wildfremden Menschen, sein Weinchen trank, sich auch ein wenig mit ihnen unterhielt, da überkam ihn plötzlich, in a green valley of la douce France, ein unaussprechlich warmes Gefühl der Gemeinschaft, der Kameradschaft, der Heimat.

That's all. It's a very simple story without any clever point, Pointe, but when I read it, in exile, it moved me to tears.

(tears: Tränen)

"I love that story, Werner."

I love you, Doosie.

Hat's geschmeckt? Did you enjoy your dinner? Am besten wäre jetzt wohl ein schöner starker Espresso hinterher, aber dann können wir nicht schlafen.

"Brauchen wir auch nicht, Doubleyou."

Super, sú-p(e)! Let's have our espresso then, and afterwards let's go up to our room for a cosy little -- repetition. Nein, kein Abhören diesmal, nur ein bißchen durchgehen, ganz behutsam und zärtlich, gently, tenderly, weil Du doch die Heimat bist, Geliebte.

Gently, tenderly: Die Menschen dieses Tals – und des südlicheren Frankreich überhaupt – sind dafür bekannt, leicht und locker, kurz: gemütlich zu sein. Bitte um ein sehr häufiges englisches Wort dafür. . . . . . . easygoing.

Weiter: Ich war mit Deinem Vorschlag, Radeln plus Taxi, einverstanden und sagte so etwas wie "Okay, das klingt vernünftig", "geht in Ordnung" oder so, aber nicht allzu enthusiastisch, eher nachgebend. Sehr häufig im Englischen. Remember? . . . . . . "Fair enough."

Chambords "Son et Lumière" scheint mir ein "Spektakel" zu sein. Bitte ein gutes Wort dafür – dasselbe Wort wie für einen raffiniert aufgelegten Schwindel: . . . . . . racket. (Übrigens genau wie "racket", Tennisschläger.)

Ein sehr freundliches Zugehen auf den Gesprächspartner ist es, zu sagen, man könne sich geirrt haben. Da gibt es eine häufige englische Redensart. Wie heißt sie? . . . . . . "Correct me if I'm wrong."

Und dann bitte fünftens, last but not least: "schwelgen", "sich verwöhnen", ein sehr "gebildetes", fast exclusives englisches Wort . . . . . . indulge, *indáldj*.

Mein Gott, jetzt entdecke ich zu meinem Entsetzen, to my dismay, daß ich Dir die Geschichte von Saint-Exupéry im Loire-Tal schon erzählt habe, in one of my earlier books. Danke Dir, daß ich sie noch einmal erzählen durfte.

Bist du wach, Doosie?

Hast Du gesehen, was für ein kärgliches Frühstück sie uns da bei allen ihren herrlichen Loire-Kochkünsten aufs Zimmer gebracht haben, und das an unser schönes – our lovely French double bed?

Unser heiliges deutsches Frühstück, and that ˙pathetic˙ (miserable) French "petit déjeuner"! Really ˙nothing to write home about˙. One "croissant" each, just one, and one cup of coffee!

Frühstück! "Frühling des Tages" – erinnerst Du Dich noch an unsere Frühstücksterrasse in Ascona?

Brötchen! Couldn't we go to a region a little more "German", Doosie?

"Fair enough, Doubleyou."

BASEL

Trying to Kill You

Doch, Du kannst auch auf Englisch ruhig "Basel" sagen, statt des früher gebräuchlichen "Basle" oder gar "Bâle". Es wird immer moderner, den einheimischen Namen zu gebrauchen, to use the ·native· name. Nowadays, heutzutage, I think, internationally-minded people in Britain and America like to say "Köln" instead of "Cologne" and, perhaps, "München" instead of the old "Munich". Aber Vorsicht, da gibt es altetablierte "klassische" Städtenamen, die wohl kaum jemals verändert werden: Venedig zum Beispiel oder Mailand oder Wien. Wissen Sie zufällig (do you ·happen· to know!), wie diese drei Städte auf englisch heißen?

Ich geb's Dir tarnungshalber erst mal phonetisch: *vénnis, miläŉ, viénn(e)*: . . . . . . Venice, Milan, Vienna.

Ich kann gut verstehen, daß Du nicht ganz zuhörst. Wenn man auf einer Bank unter schattigen Kastanien an einer der schönsten Stellen der Welt sitzt – yes, indeed, in one of the world's most beautiful spots – then you can hardly listen-*lissn* attentively.

Laß mich erzählen, o Muse, was Du schon weißt: Wir sind auf der "Pfalz", einer hoch über dem Rhein erhobenen Terrasse, with a view of Germany, France and, of course, Switzerland. You can see the Black Forest, Schwarzwald, on the one side, and on the other, rather far away, the blue shadows of the Vosges, *vou(sch)*, Vogesen. Zu Deinen Füßen: Basel, das "Dreiländereck", und tief unter uns der Rhein, mächtig und breit, der das Ganze zusammenhält.

Gerade diese Grenzlage hat Basel zur stärksten, zur ernstesten Stadt gemacht, die ich kenne: this town had to ·assert itself·, sich behaupten, against Napoleon from the west, and Hitler from the north. Und dabei diese Grazie! Dreh Dich um: das Münster zu Basel direkt hinter uns, und sein herrlicher Kreuzgang, cloisters, hier rechts, zwei Schritte entfernt. What a place! Bist Du schon einmal hier gewesen?

"Durchgefahren, W."

Exactly! Just passed through, like most people, on their way to Florence, Rome or Sicily, without having so much as a ·glimpse· of Basel, nicht einmal einen flüchtigen Blick. Weißt Du, daß dies die schönste Stadt der Welt ist, für mich jedenfalls – for me ·at any rate·? Ich liebe diese Stadt leidenschaftlicher als alle Orte der Welt (except London, of course), und dies aus dem einfachen Grunde, daß ich hier als junger Mann tiefer gelitten habe als irgendwo anders.

Hier, auf dieser Pfalz, saß ich damals, 22 Jahre alt, vertrieben aus Hitlers Drittem Reich, im Sommer 1934. I sat here, seeing the green hills of Germany before my very eyes, and wanting to throw myself into the river down below.

"I can understand that, Werner."

Süß von Dir, Doosie, but ·I'm afraid· ("ich fürchte", oder besser: *leider*) – I'm afraid it's a misunderstanding. Heimweh, homesickness, und Vertriebenen-Trübsal, the grief of exile, das war es eigentlich weniger. It was – Doosie, this is a little ·embarrassing·, peinlich, and pretty ridiculous too, lächerlich, denn zur Hitlerzeit sollte man bei Gott andere Sorgen gehabt haben –– well, it was my doctor's thesis, *thí-sis*, meine Doktorarbeit.

Ich hatte in Berlin Jura studiert, law, und als Hitler kam, ging ich nach Basel, um wenigstens, wenn auch ohne jeden praktischen Wert, meinen Doktor zu machen, to ·graduate· as a Doctor of Laws.

And here the tragedy begins. Doosie, what follows is perfectly childish, I know; please ·bear with me·, hab Geduld mit mir. In detail, the drama was this: Erstens haßte ich das Jurastudium, as once did Heinrich Heine and Kurt Tucholsky, let alone Goethe in Leipzig, die alle trotz ihrer schriftstellerisch recht freiheitlichen Neigungen feige genug waren, cowardly enough, ihren Eltern ebenso zu gehorchen wie ich. Und zweitens setzte das von meinem Basler Professor verordnete Thema meiner Doktorarbeit, the ·subject· of my thesis – das setzte juristischer Haarspalterei die Krone auf, it capped it all.

The ·subject· was a problem in penal law, *pi-nl*, Strafrecht. Und zwar überschnitten sich hier in fataler Weise die zwei theoretisch umstrittensten strafrechtlichen Fragen, the two most controversial ˙issues˙ of penal law – zwei Fragen, ˙issues˙, *íschuz*, über die, jede für sich genommen, ganze Bibliotheken geschrieben worden waren: *Versuch* und *Teilnahme*, Attempt and Complicity. Das Thema meiner Doktorarbeit lautete nämlich: "Rücktritt des *Teilnehmers* vom *Versuch*".

Da ich auf Grund meiner preußischen Erziehung, my Prussian upbringing, sehr gründlich war, pretty ˙thorough˙, *thár(e)* – man hätte die Sache ja auch etwas leichter nehmen können, schließlich waren Hitler und Europas Zukunft wichtiger – well, since I was *gründlich*, thorough, the intricate problems of that thesis ˙gradually˙ drove me, "trieben mich", mad. Das Wort "gradually" hatten wir schon mehrmals, zum Beispiel beim Zabaione-Rezept in Rom, und "mad" ist Dir bekannt.

I had written over five thousand excerpts from the literature, yet with all that material I wasn't even half through my first chapter – nicht einmal die Hälfte meines ersten Kapitels hatte ich geschafft, und das Geld ging mir aus, my money was ˙running out˙. As a result, I sat here on the Pfalz wanting to throw myself into the river or, to use the proper ˙term˙, Fachausdruck, to commit suicide, *sjúisaid* (deutsch wohl heute: Suizid).

Um mich realistisch, "erdnah" auszudrücken, ˙down to earth˙, also englisch, I shall illustrate my problem with a concrete *case*, mit einem konkreten Fall (Britain's "case law"), statt abstrakter deutscher Paragraphen

(Germany's "codified law"). Well then, here is a case in point:

I have made all conceivable preparations, alle erdenklichen Vorbereitungen, to kill you. I am now by your bedside while you're sleeping, and I am pointing my gun (pistol) at you. But seeing your lovely face, I am seized, *si-zd*, gepackt, by sudden remorse, Reue: I silently leave your bedroom and throw my gun into the nearest river, the Rhine-Rhein for instance.

Das nennt man "Rücktritt vom Versuch", und nach den meisten Strafgesetzbüchern der Welt werde ich zur Belohnung für meine tugendsame Reue, remorse, *rimó-ss*, überhaupt nicht bestraft, I'm not punished, *pánnischd*, at all. Bitte dieses "at all" hübsch zusammenziehen: *ätó-l*.

Dabei haben wir jedoch erst einen verschwindend kleinen Bruchteil des Problems berührt, a tiny fraction – in fact, we haven't touched-berührt my doctor's thesis *ätó-l*, überhaupt nicht. Denn wir haben ja noch gar nichts über *Teilnahme* gesagt. In other words:

What about your husband or Ehegatte, diesem Schuft-villain, who instigated me, der mich zu dieser Tat anstiftete, or who has actually been helping me? Wird dieser schuftige Teilnehmer *auch* straffrei ausgehen, nur weil *ich*, der Täter, die Pistole reuevoll in den Rhine-Rhein geworfen habe?

And what if your husband, the Teilnehmer or accomplice, remorsefully prevents me, the *Täter*, from killing you, mich reuevoll daran hindert, Dich zu killen? Werde ich dann, wie er, überhaupt nicht bestraft werden – won't I be punished *ätó-l*?

And what if I thought my gun was loaded, geladen, but actually it was empty, leer, when I tried to fire at you? What about me and your husband in this case? Will we *both* be punished or what?

And what if your husband had killed you before I entered your bedroom, und ich auf Dich in der Annahme schieße, du seist im seligsten Schlaf? Kann ich da noch *zurücktreten*?

Doosie, da hilft kein Hitchcock: he doesn't help *ätó-l*. The only help is Suicide, *sjúisaid*, und den plante ich eben hier auf der Pfalz. Natürlich, wie gesagt: ein bißchen Sinn für Humor, a sense of humour, hätte da sicher geholfen, und angesichts eines drohenden Weltkriegs sicherlich auch ein bißchen Sinn für das richtige Maß, a ˙sense of proportion˙. But these are Anglo-Saxon qualities. Was erwartest Du von einem jungen Preußen, *praschn*, der im Prinz-Heinrich-Gymnasium zu Berlin den Ernst des Lebens erlernt hat? ("The Importance of Being Earnest" – a British comedy, a German tragedy.)

Nun, das ist vorbei. Preußen gibt's nicht mehr, und die Deutschen, auch *ich*, haben inzwischen von den Angelsachsen ein bißchen gelernt: they have at last got some sense of humour, and some sense of proportion – ˙up to a point˙, bis zu einem gewissen Grade wenigstens. (Doosie, sehr englisch, dieses "up to a point", als Einschränkung warm zu empfehlen.)

"Was Du da über uns besser gewordene Deutsche sagst, Doubleyou, gilt nicht einmal 'up to a point', finde ich – die Deutschen sind immer noch tierisch ernst."

'I beg to differ'. (Bitte merken: "ich erlaube mir, anderer Ansicht zu sein".) Im übrigen, wie Oscar Wilde sagt, wenn auch unüberliefert: "Never contradict a woman", widersprich nie einer Frau, "for, denn, 'for' within five minutes she'll contradict herself."

"Macho! Und die Deutschen haben *doch* von den Angelsachsen gelernt, finde ich, 'up to a point'."

Du verdienst eine Tracht Küsse, Doosie. Was nun Basel betrifft, so ist's auch hier ernst und streng, aber es ist ein anderer Ernst, eine andere Strenge, eine gediegenere. Und dennoch: Wie wenig half mir diese Stadt damals, die Dinge nicht so schrecklich tragisch zu nehmen. So stark, so schwer ist diese Stadt. Sie verpflichtet.

Du siehst das überall; laß uns um das Münster herum auf den Münsterplatz gehen: diese Stille hier; dieser mittelalterliche Ernst der Häuser; diese Schlichtheit, simplicity, diese herbe Sparsamkeit, 'austerity'. Rolf Hochhuth, der hier in Basel lebt, sagte einmal: "Britisches Understatement ist, gemessen am baslerischen, noch Größenwahn."

Laß uns vom Münsterplatz den Rheinsprung hinuntergehen, am ehemaligen Universitätsgebäude vorbei (Nietzsche, Jacob Burckhardt), vorbei an diesen herrlichen Bürgerhäusern, dann weiter zum Marktplatz, wo das Rathaus gleich einem großen, rot-bunt bemalten Bauernschrank steht. Und von da aus gehen wir den

Spalenberg hinauf, "am Spalebärg": schmale, mittelalterliche Häuser – was heißt "mittelalterlich" auf englisch, Doosie? Nein, nicht "middle-aged", sondern komplizierter: medieval, *medii-vl.*

In einem dieser Häuser am Spalenberg mag Matthäus Merian gearbeitet haben, der große Kupferstecher von "Stadtlandschaften" – engl.: townscapes, as against landscapes. There is a masterly copperplate engraving of Basel made by him in 1615, with houses, churches, streets showing in three dimensions, as if seen from the air. You can still use that map today to find your way about in this town. No other city in the whole world possessed (had) such a clear and exact map at the time. I'll show it to you, at least part of it.

Was heißt "Karte", "Landkarte", Doosie? . . . . . .
Sieh Dir das Ende des vorigen Absatzes an.

Hörst Du die Pfeifen aus dem Haus da drüben? Die üben das ganze Jahr hindurch für die Basler "Fasnacht", the heathen, *hi-thn*, heidnisch, festival of pipes and drums, Pfeifen und Trommeln: the Middle Ages come to life again. (Yes, Doosie, it's "Middle Ages", but the adjective is "medieval".) The pipes, the drums! Die Trutzigkeit dieser Stadt, die Kraft, die Gesundheit! Wenn man bedenkt, daß ganz Deutschland so hätte werden können, so gediegen und gesund, without William II, and without that sweaty little man from Braunau . . .

"Ich finde die Schweizer ziemlich spießig und kleinkariert, Doubleyou."

Auf englisch wäre das: "petty bourgeois". Aber ich weiß nicht recht: sie sind *Bürger*, Doosie. Und Bürgertum, bourgeoisie, it seems to me, is, relatively speaking, the most acceptable form of anarchism. Just think of their orgiastic "Fasnacht". ˙Correct me if I'm wrong˙.

Spalenberg 44. A tall, narrow house, medieval, *medi-ivl*, a mere (only) thirteen feet wide (knapp vier Meter), with only two rooms on each of its four floors. An old friend of mine lives here, Karin Casadei. I've known her ˙for ages˙, "ewig", since my student days. I'm sure she'll ˙put us up˙ (house us) for a few days, hopefully, hoffentlich, on her fourth floor overlooking the roofs of Basel.

Immer, wenn ich in Basel bin, wohne ich bei ihr. Sie ist sehr alt jetzt, *noch* älter als ich, und hat fast ihr Gedächtnis verloren. She sometimes calls me "Walter", and sometimes "Antonio" (her former husband), but she always ˙puts me up˙, bless her heart ("segne ihr Herz"), auf deutsch etwa: die Süße!

Komm, hier ist die Klingel. Hören kann sie ja noch, die Gute, bless her heart.

P.S.

"Der Blick aus dem Fenster, Doubleyou, in diese entzückende alte *mediú–vl* Gasse hinein und über die Dächer – *toll*, ich könnte wochenlang hierbleiben!"

Karin wouldn't mind, darling. She likes company.

"Bedeutet ihr Nachname nicht eigentlich 'Haus Gottes', W? Casa dei! Ihr Haus *ist* ja göttlich!"

Exactly, "the House of God", Latin or Italian, or both. Und wenn Du glaubst, das alles sei ein Traum, in Wirklichkeit wohne die gute Karin Casadei gar nicht hier und wir nicht bei ihr, in diesem Traumhaus am Spalenberg 44, dann sieh ihre Adresse im Basler Telefonbuch nach, in the telephone directory, *diréck-*, und kneif Dich in den Arm. So, und jetzt gehen wir zu "Kämpf" gegenüber, um die gute Karin nicht zu wecken, bestellen einen "Café complet", wie das hierzulande heißt (schweiz. Ausspr.: *káffe kómple;* engl.: continental breakfast), and fully enjoy 1 to 5:

1. Bitte auf englisch: Venedig, Wien, Florenz, Schwarzwald, Rhein und Sizilien. Ach, das war zu viel auf einmal, ich sag's Dir schon hier: ...... Venice, Vienna, Florence, *flórr-*, Black Forest, Rhine, Sicily, *síssili*. Aber die folgenden Punkte werden erst später verraten.

2. "Leider weiß ich das nicht", bitte auf englisch,

und zwar ohne Dein abgedroschenes "unfortunately" und ohne "sorry", das an sich schon ganz nett wäre. Sehr schwere Frage. Es handelt sich hier um ein "befürchtendes" Bedauern. Kam vor, als ich zu Dir sagte: "Leider ein Mißverständnis." Überaus häufiger Ausdruck, fast ebenso häufig wie "sorry", which is about the most frequent word in English... Also bitte: "Leider weiß ich das nicht."

3. Basel, am Dreiländereck, muß sich gegenüber seinen mächtigen Nachbarn "behaupten". Da wir in unserem Alltag das leider auch müssen, ist es ein wichtiges Wort. Also bitte: "sich behaupten".

4. "bestrafen". Kam so oft vor, daß Dich dieses Wort im Schlaf verfolgen sollte. Dazu bitte noch "gründlich" und "(Streit)Frage", "(Streit)Punkt", überhaupt "wesentlicher Punkt", ja "Angelegenheit". Kam als juristische "Frage" vor. Wir hatten dieses wichtige und häufig vorkommende Wort übrigens einmal früher in der Bedeutung "Zeitungsnummer".

5. Jemanden "unterbringen" (beherbergen, einquartieren), wie's eben die gute Karin mit uns tut. By the way, let's buy her some flowers, there is a florist opposite. Just a ·posy·, ein kleines Sträußchen, sie liebt nichts Großes. How sweet she was to me in those days when I was about to kill myself over the *Versuch*, the *Rücktritt* and the *Teilnahme*!

"But you didn't kill yourself after all, *aaft(e)rohl*, did you, Doubleyou? Diese Suizid-Geschichte ist also wieder einmal reine Übertreibung."

It isn't, Doosie, and I won't have your "wieder einmal". When you feel heavily depressed or ·low· (don't say your German "down"!) – when you feel that way, then there is no better medicine than planning to kill yourself, and plan it *seriously,* ernsthaft. Solange man diese Selbstmordpläne nicht wirklich ausführt, as long as you don't execute them, *écksikjut* – solange man das nicht tut, ist das Leben hinterher gleichsam ein Geschenk, a present ·as it were·, und geschenktem Gaul – well, ·you don't look a gift-horse in the mouth·. Damit wird alles halb so schlimm, half as bad, ein paar Stunden lang wenigstens, bis zur nächsten Depression. Dann planst Du eben einfach wieder einen kleinen Selbstmord, verschaffst Dir aufs neue besagtes, zu nichts verpflichtende Geschenk des Lebens, das um so größer ist, je ernster you planned to kill yourself.

Ein höchst empfehlenswertes Verfahren, Doosie, a ·panacea·, *pän(e)sí(e)*, Allheilmittel, for all kinds of depressions, in case you have any. Natürlich, es hängt alles an einem Faden, it all hangs by a thread, die Sache kann auch schiefgehen, things can go wrong, and you are dead. But, ·if the worst comes to the worst·, allerschlimmstenfalls, just remember Liza Minelli singing about her friend Elsie of Chelsea in *Cabaret:* "She was the happiest corpse I've ever seen." (corpse, *ko-ps,* Leiche.)

"You're a cynic, W."

Honey, I know what I'm talking about. I have been living on the suicide ·panacea· for fifty years, in exile, in Spain, in Italy, in Sweden – ich hab davon *gelebt*. Fast jede zehnte Minute habe ich diese Droge angewandt. Sie hat mir das Leben gerettet.

"Na, nun brauchst Du auch nicht gleich wieder dramatisch zu werden."

Doch, Doosie! Sehr dramatisch sogar, denn jetzt wird's ernst:

1. "Allerschlimmstenfalls", soeben vorgekommen, auf englisch bitte: . . . . . . if the – na, Du wirst's schon oben finden.
2. I'm afraid I don't know.
3. to assert oneself.
4. to punish, *pánnisch*; thorough, *thár(e)*; issue, *íschu* oder auch, wohl nur in England: *ísju*.
5. to 'put someone up'.

Heiliges Frühstück! Sind doch wunderbar knusprig, crisp, die Croissants hier bei Kämpf! Übrigens, was Dein Ei betrifft – are you a Big-endian or a Small-endian?

"Verstehe kein Wort, W!"

Well, you may have read "Gulliver's Travels" by Jonathan Swift. The war in which Gulliver, *gálliv(e)*, helps the Lilliputians, *lilipjú-schj(e)nz*, dieser Krieg wird nun schon jahrzehntelang zwischen zwei Völkern ausgetragen, because the one people, at breakfast, open their eggs at the big end, am stumpfen Ende, while the other people do so at the small end. So this bitter and bloody war is on between the Big-endians and the

Small-endians. In 1726 this was a satire on the struggle between the Catholics and the Protestants, but what about *you*? Again: are you a Big-endian or a Small-endian?

"You're a Never-endian, Doubleyou, ein Niemals-Ender, bei Deiner Suada."

Heiliges Frühstück! Let it never end!

STILL IN BASEL

How I Got a Holbein

Ich hab Gewissensbisse, Doosie, I've got pangs of conscience (or: a guilty conscience, *kónsch(e)ns*), weil ich Ihnen gestern zum x-ten Mal, ˙for the umpteenth time˙, von den Tagen meines Exils vorgeklagt habe – suicide plans saving my life for fifty years, in Sweden, et cetera –, und dabei habe ich mit keinem Wort an Sie, an Dich gedacht: you, too, may be in exile. Most people are, almost everybody. Jeder hat sein Kreuz zu tragen, "each must bear his own cross", und oft ein sehr schweres, auch ohne dramatisch in die Fremde vertrieben worden zu sein.

What's *your* cross, Doosie?

———

Ich muß an die Synagoge des Konrad Witz denken. Die meisten seiner Bilder, um 1440 herum gemalt, zur Zeit des Basler Konzils, hängen hier im Kunstmuseum, er war ja Wahl-Basler, obwohl er aus dem Neckartal kam. Ein großer Maler. Perhaps you've never heard of him as yet, bis jetzt, but he is certainly worth knowing. He is naive, *naï–v,* and profound (deep) at the same time.

Aber ich wollte von seiner Synagoge erzählen, weil

Du im Augenblick etwas melancholisch dreinschaust. In the art of the Middle Ages, the Synagogue was a symbolic figure of a woman clad (dressed) in yellow clothes – gelb, die Judenfarbe – carrying a broken lance, Lanze, as a sign of utter defeat, völliger Niederlage, and showing an expression of melancholy and mourning, Trauer (wie "morning" ausgesprochen). Das Ganze symbolisiert das von der triumphierenden christlichen Kirche, the Church Triumphant, geschlagene und zerschlagene Judentum. Deshalb gehört zur "Synagoge" immer auch ein zweites Bild als Gegenstück: eine üppig in Gold und Silber gekleidete, triumphierend dreinblickende Frau, die "Ecclesia", eben die Verkörperung der siegreichen Kirche.

But what I wanted to tell you is this: Konrad Witz's "Synagogue" in the Basel Museum is the most beautiful and spiritual, durchgeistigt, beseelt, in fact the most "Christian" representation of Melancholy and Mourning I have ever seen, while his triumphant "Ecclesia", hanging in the same room, just looks arrogant and stupid, aufgeblasen und dumm, in all her splendid clothes.

Dies als Trost.

Let's go there, to the Basel Kunstmuseum I mean. It's a gem, *djemm*, ein Juwel.

Hab ich recht gehabt, Doosie? Diese herrliche Synagoge! Cheer up: "Selig sind, die da Leid tragen; denn sie sollen getröstet werden." Blessed are they that mourn: for they shall be comforted (St. Matthew, 5:4).

May I show you my favourite painting? It's in one of the adjacent (next) rooms, a very small oil painting.

Erasmus, by Holbein. Both of them lived in Basel for a time, and Erasmus died here.

Still steht er da an seinem Pult, Erasmus von Rotterdam, und schreibt. Kühl blickt er hinab auf seine Gänsefeder und auf das Blatt Papier vor sich, gelassen, unendlich konzentriert, vielleicht auch ein bißchen amüsiert (die trocken, vielleicht ironisch zusammengepreßten Lippen!); vor allem aber sein *Abstand,* vom Schreibpult, von Gänsefeder und Papier – distanziert: ·detached· is the word.

"Ich hab eher den Eindruck, er ist weitsichtig, Doubleyou."

You're ·debunking·, Doosie (see p. 42, Peterskirche), unless – sofern Du nicht wieder einmal Deinen Scharm spielen läßt, your irresistible charm (das übersetze ich nicht). Nein, nein, Erasmus war *detached* or *aloof,* "abseits", reserviert: keeping himself as much aloof from the pope, Papst, as he did from Luther. Ach, wie sehr Luther in seiner Wartburg darauf wartete, daß der größte Gelehrte seiner Zeit, the greatest ·scholar·, *skóll(e),* of his time –, daß der sich endlich auf seine Seite stelle! But he waited in vain, vergebens, Erasmus ridiculed (made fun of) both Luther and the pope; he was liberal, tolerant, progressive and, above all, profoundly ·witty·, geistreich.

Ja, schau ihn Dir nur in Ruhe an.

Dieses Bild von Holbeins Erasmus hängt seit Jahren

über meinem Schreibtisch bei "uns" in Hamburg, Doosie, als ein leuchtendes Vorbild – as a shining example of how ·detached· a writer should write. ·The other day·, kürzlich, I read somewhere – I think it was in Katia Mann's "Meine ungeschriebenen Memoiren" – that Thomas Mann had a reproduction of this painting hanging over *his* writing desk. Seitdem bin ich ganz besonders stolz auf dieses Bild.

Und dabei hatte Thomas Mann nur eine gedruckte Reproduktion, während ich ein Original, ein sogenanntes Unikat besitze. I must tell you the story behind it:

Eduard or Edi Schmid was a photographer in Basel. I want you to know his name because, since my student days fifty-odd years ago, he has been my best friend. He died only a few weeks ago.

Edi, ein großer Kunstkenner, war ein Fotograf eigener Art; er war Museumsfotograf, und zwar in einem sehr schönen Museum: the one in which we ·happen to· be right now.

Edi wußte, wie sehr ich diesen Holbein liebte, und an meinem fünfzigsten Geburtstag kam ein großer, steifer Umschlag bei mir in Schweden an, mit einem – well, I'll translate Edi's letter from German into English:

> Dear Werner,
> I am enclosing (anbei) Holbein's Erasmus, in natural size. I have photographed him for you, and for you alone. I have made one print (Ab-

zug) from the film, and then destroyed the film. So you are the one and only owner of this Holbein.
Yours ever,
Edi

Wenn er wüßte, daß wir beiden hier sind, in *seinem* Museum. Aber vielleicht weiß er es: Er war Anthroposoph.

These are very good people – I mean, the anthroposophists, *änthr(e)pó-*. They resisted Hitler during the Third Reich and foresaw quite a few present-day problems – ·pollution·, for example, Umweltverschmutzung. Wie Du vielleicht weißt, ist der Hauptsitz der Anthroposophen etwa eine halbe Stunde von hier entfernt: das Goetheanum in Dornach, in lieblichster hügeliger Landschaft, ·rolling· country, eingebettet in die Vorläufer des Schweizer Jura.

"Why don't we go there, Doubleyou?"

Meinst Du das als Frage – "Weshalb gehen wir nicht...?" – oder echt amerikanisch (aber auch britisch) als Aufforderung: "Laß uns doch...!" – hm?

"Echt amerikanisch, 'aber auch britisch', Herr Doktor!"

Fine, let's go there later. Aber erst mußt Du hier noch "meinen" Picasso sehen, den "Arlequin assis", the sitting Harlequin, quite a big ·canvas· ("Leinwand", ein sehr elegantes Wort für "Gemälde"), superbly colourful.

Isn't it beautiful? There is a story behind it:

In the 1960s the director of this museum wanted to acquire (buy) that famous canvas. It then cost many thousands of Swiss francs (it would cost millions today). Nun ist es in Basel wie in allen 25 Kantonen der Schweiz so, daß der Fiskus ein teures Gemälde nicht "einfach so" erwerben kann, 'just like that', für das Geld der Steuerzahler, for taxpayer's money: die Behörden haben gefälligst die Bürger erst zu *fragen*.

So the purchase, *pö-tschis,* Ankauf, of the painting was put to a referendum or Volksentscheid. Monatelang wurden leidenschaftliche Kampagnen für und wider den Picasso geführt, passionate campaigns 'pro and con'. Das Ergebnis war eine überwältigende Mehrheit der sprichwörtlich knausrigen Basler – an overwhelming majority of the proverbially 'stingy', *stíndji,* Baselers voting *for* the Picasso.

So wurde denn der "Arlequin assis" vom Basler Kunstmuseum erworben, und hier hängt er nun. Picasso aber, begeistert von dieser Stimme des Volkes, especially the voice of such a proverbially 'stingy' people, nahm ein weiteres Gemälde, an 'additional' painting, von der Wand seines Ateliers and gave it to the people of Basel, as a present.

Da drüben hängt es. Ein bißchen abstrakt, but fascinating, isn't it?

Ist Dir nach *noch* mehr Kunst, Doosie? Dann könnten wir eigentlich in die "Kunsthalle" gehen und – essen. The "Kunsthalle" is one of Basel's nicest restaurants, within a stone's throw, einen Katzensprung von hier.

Vor hunderttausend Jahren, 'ages ago', als ich hier studierte – ich war sehr arm, schlug mich mit dem Erlös von zwei aus Nazi-Deutschland herausgeschmuggelten Leica-Kameras durch – in those days, ages ago, I mostly lived on bread and milk, constantly having an enormous hunger for meat, Fleisch. Da beschloß ich eines Tages, I decided one day when I was uncontrollably hungry for a piece of meat, daß ich eine ganz große Ausnahme machen durfte, a spectacular exception, just for once: ich durfte in der Kunsthalle ein Schweinekotelett mit "Nüßlisalat" essen, *sofern, vorausgesetzt daß*, 'provided that' ich dieses Schweinekotelett mit Nüßlisalat in meinem ganzen Leben nie vergessen würde.

I haven't forgotten. The very thought of that pork chop 'makes my mouth water'. Laß uns hingehen, *quick*. Der Nüßlisalat (eine Art Feldsalat) der Kunsthalle ist noch heute berühmt, und im Speisesaal oben an der Decke kannst Du köstliche Stuck-Grimassen von der Hand Arnold Böcklins bewundern. So much for art.

"Und Dornach, Doubleyou?"

Hinterher, chérie, we've plenty of time, und der Himmel hängt voller pork chops.

P.S.

Mir ist ein klein bißchen mulmig zumute, "qualmish" may be the word, *kwá-misch,* or simply "funny", nach diesem Goetheanum. Eine merkwürdige Mischung von Betonbunker und Jugendstil – a curious mixture of wartime bunker and ˙art nouveau˙, with all due-gebührend respect for anthroposophy.

Frankly, I feel like sitting down somewhere. Dieses süße kleine Gartenrestaurant mit dem Platanendach hier (Plantanen: plane trees), das ist gerade das Richtige – ˙just what the doctor ordered˙.

Ist Dornach nicht reizend? Die Landschaft, die grünen Hügel, obwohl die anthroposophisch gebauten Häuser alle ein bißchen betrunken aussehen, tipsy.

"Du hast mich gar nicht gefragt, wie *ich* das Ganze finde, Doubleyou."

Na, wie denn?

"More or less like you."

Du bist mal wieder unwiderstehlich, D, *di,* irresistible, *irrizíst-*. As a ˙reward˙, *rewó-d,* Belohnung, eine besonders kurze und schoname Wiederholung, mit postwendenden Antworten:

1. Bitte um "Stets Ihr/Dein . . .", als Abschlußgruß in einem Brief. (Edi's letter, remember?) Sehr häufig im Englischen: . . . . Yours ever, (plus name).

2. Erasmus – you say "Erasmus" in English, not "Erasmus of Rotterdam" – Erasmus was, perhaps, the greatest "Gelehrte" of his time. "Gelehrter" in English, please: ...... scholar, *skóll(e)*.

3. If you have "copies" made from your film, what's the correct name for "copies"? ...... prints, "Drukke".

4. The Swiss are a highly economical people, sparsam. Please give me another word for "economical", in the pejorative sense, abwertend, also "knauserig": ...... stingy, *stíndji*. Übrigens, ein Knauser, ein Geizhals: a miser, *maíz(e)*.

5. You're very poor and very hungry. So you decide to have a pork chop "on condition that", unter der Bedingung daß, you'll never forget that chop all your life. Bitte um einen gängigeren Ausdruck als das etwas formelle "on condition that": ...... provided that, *pr(e)vaídid*.

"Kann man nicht auch 'only if' sagen, statt Deinem *pr(e)vai-* oder was es war?"

Doosie! Genial! Echt englisch, weil einfacher! Übrigens; das englische ·genial·, *dji–nj(e)l*, bedeutet etwas ganz anderes als im Deutschen, nämlich freundlich, gemütlich und gesellig zugleich, ein warmes Wort. Das deutsche "genial" wäre auf englisch etwa "of genius", *djí-*, oder "ingenious". Sorry, der Ober.

Was willst Du trinken? Für mich einen Espresso bitte, Herr Ober. The what, Doosie? Ach so: Orangensaft bitte für die Dame.

Have you seen the old lady sitting behind you? Dreh Dich bitte nicht gleich um, don't turn round right away, she might notice. Mach das später mal, auf die "feine englische Art" (untranslatable).

She reminds me ... Darf ich Dir die Geschichte erzählen, while you're waiting for your orange juice? Sie ist sehr baslerisch, diese Geschichte. May I?

"Wenn Du Dich nicht halten kannst ..."

I can't ·control· myself, D.

Ich saß auf unserer Pfalz damals, mit meinen 22 Jahren, planning, ·for the umpteenth time·, to throw myself into the Rhine. Da humpelte eine uralte Dame auf mich zu, die lange auf einer benachbarten Bank gesessen hatte. Mit bleichem, verhutzeltem (shrivelled) Gesicht beugte sie sich zu mir herunter und sagte leise, in langsamem und bedächtigem Schwyzer Hochdeutsch:

"Sagen Sie doch bitte etwas Liebes zu mir."

Jeder hat sein Exil, Doosie. I took her arm and asked her where she lived. She pointed to an old house on the other side of the river, saying that she was going there right now.

"Ich bringe Sie nach Hause", sagte ich.

So gingen wir denn Arm in Arm die vielen Steinstufen von der Pfalz zum Rhein hinunter und nahmen dort die kleine, nur durch die Strömung des Rheins getriebene Fähre zum anderen Ufer – that little ferryboat must have been crossing the Rhine in this way for hundreds of years.

Am anderen Ufer angelangt, humpelte sie an meinem Arm in ein kleines, niedriges Haus. Es steht heute noch. Über der Eingangstür die Jahreszahl "1387".

She took me upstairs and opened an old cupboard. Dieser Schrank, Anno 1563 datiert, wunderschön mit bunten Blumen-Intarsien geschmückt, war sicher ein Vermögen wert, a fortune. She opened it gently, sacht und vorsichtig, ˙gently˙, entnahm ihm eine Tüte und holte aus dieser Tüte eine weitere Kostbarkeit, die sie mir als Dank zum Abschied überreichte: einen durch das Alter etwas angebröckelten Himbeerbonbon.

That's Basel, Doosie: ˙austerity˙, "Enthaltsamkeit", Schlichtheit.

"Ich finde das ganz einfach schwyzerisch-knauserig, W, *stindji*-stingy!"

Dann hast Du die ganze Geschichte überhaupt nicht verstanden, Doosie dear, you haven't got the point –

"– and you haven't got a sense of humour, Double-you dear."

Ach so – you were ˙pulling my leg˙, Doosie, Sie wollten mich auf den Arm nehmen?

"Muß denn immer alles kaputterklärt werden, Du kleiner Pedant?"

With apologies to Holbein

The terrace in the foreground:
DIE PFALZ
After Merian's map, 1615
(detail)

MARBELLA

Take Them, Take Them All –

Da habe ich Dir nun etwas ganz besonders Gutes antun wollen – I wanted to give you an extra ·treat·: Marbella, the famous ·haunt·, Nest oder Treff, of millionaires. Sogar eine Nobelwohnung hab ich für uns gemietet, a luxury flat overlooking the sea. Und was haben wir jetzt? Ein ach so elegantes Apartment in einem widerlichen Wohnsilo, "tower block" oder "high-rise block".

We're stuck in a cage of concrete, in einem Betonkäfig sitzen wir fest, among hundreds of other mammoth cages along the beach, each of them with a tiny little ·glimpse· of the sea. (·glimpse·, schönes Wort, hatten wir schon einmal, auf deutsch wohl nur unzulänglich mit "flüchtiger Blick" zu übersetzen.)

Das also ist Marbella! Und auf dem Weg hierher, eine ganze Stunde lang vom Malaga-Flugplatz, an kahler und dürrer Küste entlang, nothing but similar blocks of apartment houses along the entire coastline, immer wieder Beton, concrete, *kónkri–t*. Worse than Mallorca, simply ·sickening·, zum Kotzen.

"Du übertreibst mal wieder, Doubleyou."

Exaggerating, I? *Wer* wollte gestern gleich wieder

zurückfliegen? *Who* asked me to skip our cheaper charter tickets and book a regular flight? Who was it, if I may ask?

"Ja, das war gestern abend, Darling, als wir ankamen. Aber inzwischen ist die Sonne aufgegangen, 25 Grad, and things look different."

The Sun! La Costa del Sol! A very good name indeed, for there is nothing else to be found here, only that bloody "Sol"! People lying about on that dirty beach, getting their ˙tan˙, Sonnenbräune, und schmoren da mit ihrem süßlichen Sonnenöl-Geruch wie die Leichen in Benares.

"Doubleyou!"

All *right*, Doosie, *all* right. Wenn Du hier happy bist, Geliebte, dann bin ich's eben auch. This flat, for instance – just charming, mit einem Hühnchen im Kochtopf und mit Dir in der Badewanne. Und dann die alte Stadt Marbella, die abseits von diesem Touristengrill liegt. Ich ging heute morgen dorthin, während Du am Strande brietest, um mich Dir zuliebe beim Reisebüro im Städtchen nach einem sofortigen Weiterflug zu erkundigen – und war verzaubert, enchanted, *intschá-ntid.* Andalusien! Die engen Gassen, die süßen, sauber weißgekalkten, whitewashed, kleinen Häuser mit den roten Blumen, lovely red geraniums.

It was like a dream. Seit über fünfzig Jahren nicht mehr in Spanien gewesen! Sorry, Doosie, you must gradually be getting ˙fed up˙ (sick) with my constant "seit über fünfzig Jahren".

Damals wanderte ich von Basel nach Spanien weiter – ich hatte kein Geld mehr, und arbeiten durfte man nicht in der Schweiz. So I went to Spain, the only country where I could get a working permit, Arbeitserlaubnis. There I earned my living as a garage worker. It wasn't exactly "sweet whitewashed houses" and "lovely red geraniums" in those days. The filth (dirt), the heat and the noise of that desolate ˙suburb˙, *sábböb*, Vorstadt, in which I worked – those things were deadening. Und dennoch, ˙all the same˙: I fell in love with Spain, vielleicht, weil ich desperat eine neue Heimat suchte.

Die Sprache! Heute morgen wieder in den Straßen und Läden des Städtchens. Diese herrliche Sprache, wie ein melodiös weibliches Italienisch, innig vereint mit dem harten, männlichen Römisch und Arabisch der bizarren, kargen Landschaft Spaniens: a language both hard and soft, both proud and ˙humble˙, stolz und demütig zugleich, wie die Menschen dieses Landes. Hearing this language again this morning, after over fifty years (sorry), was like meeting old friends again. Langsam, zögernd, einst innig vertraut, dann lange vergessen, kamen sie wieder, die Freunde, die Worte.

Ich erinnere mich noch wie heute an die ersten spanischen Wörter, die ich als Auswanderer im Zug nach Valencia lernte. Sie standen auf der ersten Seite der ersten Lektion in Ullsteins "Tausend Worte Spanisch" (die gibt's nicht mehr): there was a cartoon of two

Spanish caballeros sitting comfortably in a coffeehouse and looking ·idly·, *aïdli*, müßig, at two or three men working hard in the street, with pneumatic drills, Preßluftbohrern.

Said the one caballero to the other caballero:

"Qué bonito es el trabajo visto de lejos!"
(How lovely is work seen from afar!)

Und dann die letzten Worte, die ich auf spanisch hörte, in Valencia, 1938. Man hatte mich während des Bürgerkriegs ins Gefängnis geworfen, I was thrown into prison, es gelang mir zu entkommen, to escape, und ich stand im Begriff, I was ·about to· flee from Valencia to France. Doch vor meiner Flucht wollte ich noch schnell einer alten Dame, Doña Clemencia, die ihren Sohn Pepito täglich mit einer warmen, sättigenden "tortilla" zu mir in die Gefängniszelle geschickt hatte –, der wollte ich Rosen zum Abschied schenken, als Dank.

I went to Valencia's lovely underground flower market, right under the central square. (Let's hope that market still exists.) I bought as many roses as I could afford. I had hardly any money left. I got two roses.

Aber die Blumenfrau schien zu merken, she seemed to ·notice·, wie leid mir dieser armselige Dank tat; sie lächelte mir so lieb zu. Perhaps because I had tears in my eyes (sorry, Doosie), or maybe I told her that I was about to leave Spain – yes, I think I actually said so, and I think I also told her that I wanted to thank an old lady who had helped me in prison.

Sie sah mich an, als ob sie einen Sohn im Bürgerkrieg verloren hätte. Dann griff sie in den Krug, nahm alle Rosen heraus, es waren etwa dreißig, und gab sie mir.

"Tómalas", sagte sie, "tómalas todas" – Take them, take them all – "de España."

Ja, ich liebe dieses Land.

Das *Volk* meine ich, the common people, diese armen, schicksalsergebenen (humble!), unendlich liebenswerten Menschen. The upper class is pretty ˙rotten˙, korrupt – or was so at least in those days. (Qué bonito es el trabajo visto de lejos . . .) It was like today's hateful upper classes in South America. (Doosie: "hateful" doesn't mean "haßerfüllt", sondern "hassenswert".)

"Ich sah ein paar von diesen Typen heute am Strand, W, aber vielleicht waren es reiche Araber, die sollen sich hier ja breitmachen."

Possibly, I don't know. But, from what I've heard and read, maybe things have improved a little in present-day Spain – *imprú–vd,* besser geworden. Es soll jetzt einen viel breiteren und stärkeren Mittelstand geben als damals, and women seem to be a little more emancipated. I had a ˙glimpse˙ of these things this morning, in old Marbella: the girls were dressed in jeans and bright, colourful clothes. In my day, zu meiner Zeit, waren die meisten schwarz gekleidet,weil sie um irgendeinen, wenn auch noch so entfernten Verwandten trauern mußten, wie es die bigotte Macho-Gesellschaft Spaniens damals wollte. Und wie bleich waren sie damals – jungfräulich weißes, zartes Fleisch, das sich für die gnädige Begattung seitens der Herren des Landes aufzusparen hatte. Yet this morning I saw them nicely ˑtannedˑ, braungebrannt –

"– à la Benares, Doubleyou?"

– à la Doosie, sweetheart. Which brings me down to earth again. Was sagst Du zu einem guten Lunch auf der "Plaza de los Naranjos", dem bezaubernden "Platz der Orangenbäume" right in the middle of old Marbella? I'd like to suggest a ˑstraightforwardˑ meal, eine einfache Mahlzeit (your "simple meal" geht auch zur Not, but please remember ˑstraightforwardˑ). Was sagst Du zu – ˑwhat aboutˑ Pepito's tortilla? Das spanische Eierkuchen-Omelett, "tortilla española", ist köstlich mit Kartoffelstückchen untermischt – delicious, *delisch(e)s*.

Und vor unserer Tortilla unbedingt einen "gazpacho", the cold Andalusian soup made of fresh vegetables: tomatoes, onions, paprika, cucumber, garlic, vinegar, oil, pepper and salt. Unbekannte Wörter bitte im Wörterbuch nachschlagen – am besten aber: verleib sie Dir mit der Suppe ein.

P.S. ALHAMBRA

Stucco? Stucco!

Lucky me, you've got a sunburn! Ohne Ihren Sonnenbrand hätten Sie sich heute mal wieder schön am Strand geaalt, and we would never have gone to Granada.

"Nonsense, Doubleyou. It was *me* who wanted to see the Alhambra."

Because you got a sunburn, darling.

"Don't be – was heißt 'unverschämt'?"

Impertinent, impudent, insolent, das erste Wort auf der zweiten Silbe betont, das zweite und dritte auf der ersten. Wenn Dir das zu kompliziert ist, sag einfach: cheeky.

"Don't be cheeky, W! Sie sollten eigentlich wissen, daß es absolut kein Vergnügen ist, absolutely no fun, mit einem Sonnenbrand herumzuspazieren. Trotzdem wollte ich hierher, and I don't regret it – 'regret', bereuen?"

Quite. And please remember ˙quite˙, "genau!".

"I don't regret it at all, *ätó–l*, Doubleyou. Was für ein Erlebnis!"

It's a dream, the Alhambra. The delicacy of it, the fragility. And the Sierra Nevada for background, with its snow-covered tops. Von außen ist die Alhambra ja eigentlich nichts anderes als eine Festung wie viele andere auch, eine ganz gewöhnliche Burg, nullachtfünfzehn, 'run-of-the-mill', aber von innen! Ein Zauberkaleidoskop von Filigran, Arabesken, Spitzbögen, Säulen, Säulchen, Stuck-Stalaktiten in immer neuen Mustern ineinander verschlungener Blatt-, Blumen- und Rankenornamente, die geradezu melodisch in arabische Schriftzeichen übergehen, in Suren aus dem Koran, in Verse aus arabischer Poesie – and not one single representation, nicht eine einzige, of kings, queens, heroes, gods and stuff like that. Just ornaments. Welch eine Wohltat! What a relief!

Und all dieses Wunderwerk aus ganz gemeinem Stuck, of ordinary stucco, *stáckou*! What a relief, *rilí-f*, Stuck einmal nicht in der Form überladener Wilhelminischer Hausfassaden zu sehen, sondern als zauberhaft zu Stein gewordene Spitzenklöppeleien.

Und dann: kein einziges Möbelstück, not one single piece of furniture, no carpets, no candelabra, 'no nothing'. Sicher war das alles einmal früher da, im 13. Jahrhundert oder so, aber man merkt die Abwesenheit dieser Dinge überhaupt nicht: So groß ist die Wärme, die diese leeren Räume ausstrahlen.

Was für eine Kultur die Mauren gehabt haben müssen, the Moors, *mu(e)z*! "Culture" is not quite the word – besides, Doosie, don't say "culture" as often as your German "Kultur", in many cases the proper English word is "civilization", *sivilaizei-*, and here, in the Alhambra, perhaps: the refinement, die *Kultiviertheit* dieser Mauren! Gosh, look at this Patio de los Arrayanes, Myrtenhof – a dream of finest lacework, Filigranarbeit, mirrored in the water. Komm, wir setzen uns hier unter die Säulen und hängen unseren Gedanken nach:

1. "Zum Kotzen." Wir hatten das bei den scheußlichen Betonsilos in –

"Nein, nicht jetzt, Doubleyou!"

2. Vielleicht warst Du trotz allem fleißig. Hast Du bei unserem "gazpacho" einige Wörter nachgeschlagen? Als da wären: onions, *ánj(e)nz,* cucumber, *kjú–kamb(e),* garlic, *gá–lik,* vinegar, *vínnig(e).*

"You are a barbarian, W! Right here in the Alhambra!"

Na schön, ich verrate es Dir.

"Ich hör nicht zu."

Zwiebeln, Gurke, Knoblauch, Essig.

3. Dann möchte ich noch "nullachtfünfzehn" auf englisch von Dir haben und schließlich, da keine vierte und fünfte Frage mehr folgt, bitte auf englisch ausrufen: "Was für eine Wohltat!"

"I'm not listening, W!"

'run-of-the-mill', Doosie, "wie's eben gerade aus der Mühle (oder Fabrik) kommt". Und weiter: What a relief!

Ein goldenes Zeitalter muß das gewesen sein, die Maurenherrschaft. A golden age of peaceful coexistence of Muslims, Christians, and Jews, at least in Andalusia, for almost eight hundred years, from about 700 to about 1500. Thereafter, the Inquisition came, along with the "Catholic kings", Ferdinand of Aragon and Isabella of Castile who through their marriage united Spain.

"Vortrag fertig, W?"

Fertig, D!

"What a relief! Obwohl Du mir 'zum Kotzen' noch nicht übersetzt hast."

Sickening, Doosie, sickening.

"Thanks awfully, maestro!"

MADRID

A Little Blue Iron

Weißt Du was? You know what? Wir nehmen uns jetzt ein Taxi und fahren direkt hier vom Flugplatz zum Prado. Ich muß Dir meine Goyas –

»Na, nun mal nicht gleich so stürmisch, junger Mann! Kann man sich nicht erst mal irgendwo in Ruhe an die frische Luft setzen?"

Getting "a breath of fresh air", as people say. Well, Doosie, I have an ideal place für you, *aidí-(e)l*! Ein ganz wunderschöner Park mitten in Madrid, "El Retiro" (wörtlich: "die Zurückgezogenheit"; im Englischen gibt's ja auch das Wort "to retire"). Liegt übrigens fast unmittelbar neben dem Prado.

Schön hier am "Estanque", Teich, pond, isn't it? Auf einer dieser Bänke, perhaps on this very bench – ich bitte Dich, das "very" zu beachten: *gerade* auf *dieser* Bank, auf der wir jetzt sitzen, on this very bench, da saß ich Tag für Tag mit Antonio, im Hochsommer, die Madrider Hitze war unerträglich, wir flohen in den Retiro, an diesen Teich, schon um unseren elend fensterlosen und verwanzten Zimmern zu entkommen, to escape our bug-ridden rooms. Are you asleep or merely closing your eyes, Doosie?

"Merely closing my eyes because I'm asleep. 'Go on', as they say in American films."

Well, yes, Antonio. He was about my age, twenty-three or so, arbeitslos wie ich, an unemployed hairdresser, with a working-class background. But how ambitious he was, and what an idealist! He was an anarchist and an Esperantist. Viele Arbeiter waren das damals. Sie bildeten eine Art Elite, something of an élite, und vielleicht ist es vor allem ihr Verdienst, daß Spanien endlich eine Demokratie geworden ist. Antonio did not live to see this: he was killed in the Civil War.

Ehrgeizig wie er war, hatte Antonio auf eine Anzeige geantwortet, in der ich Sprachaustausch suchte, Deutsch-Spanisch. Mit der Zeit wurden wir sehr gute Freunde. And now we were sitting on this bench, desperately trying to translate an AEG electrical spare-part catalogue, Ersatzteilkatalog, 264 pages, DIN A4, from German into Spanish. I had got the catalogue from a Mr Abramowicz, a German refugee, Flüchtling, who ran a translation bureau here, ein Übersetzungsbüro.

"Ich verstehe schon 'translation bureau', Doubleyou, my English is not *so* bad."

Also erstens, Geliebte, heißt es: "my English is not *that* bad". Und zweitens, darling, please translate: "er hat (betreibt) ein Übersetzungsbüro", gerade eben in der Vergangenheitsform vorgekommen.

"He runs a translation bureau."

Marvellous, Doosie! Mr Abramowicz was running that bureau, er hatte uns auch den Namen des Auftraggebers genannt, es war ein Señor López, Adresse Juan Papero 73, eine Vorstadtstraße in Madrid, und "Vorstadt" heißt wie schon gehabt, na? ... ... suburb, *sábböb*. Señor López, Mr Abramowicz said, would pay well for the translation, and asked for ten percent of the ·fee·, Honorar, als Provision (auf englisch: as a ·commission·).

Antonio half mir. Verzweifelt, desperately, als ginge es um unser Leben, sprich: endlich Geld, machten wir uns, gestützt auf Langenscheidts Taschenwörterbuch Deutsch-Spanisch, an die Übersetzung von Wörtern wie "Kontaktzwickschalter", "Druckpufferauslösestekker", "Kapselhüllendrehschwingkopplung A und B" (B was easier to translate) und ähnlicher Wörter, die mir die Nazis von meiner deutschen Sprache übriggelassen hatten. Wenn es dann auf dieser Bank zu dunkel wurde, ging es nachts in meinem Wanzenzimmer weiter. (In Madrid, bugs live like kings: it's comfortably hot for them in summer, and nicely central-heated in winter.)

Nach neun Wochen harter Arbeit machten wir uns nach Juan Papero 73 auf, zu Señor López. Wir waren mit unserer sprachlichen Lösung dieser verantwortungsvollen Aufgabe nicht recht zufrieden – die große AEG, after all! –, fühlten uns unserer Sache gar nicht sicher, we didn't feel sure of ourselves, wie wir da mit unserem schweren Stoß von Manuskripten durch Madrid wanderten; but we hoped to ·get by·, mit einem blauen Auge davonzukommen. At any rate, we were exhausted, *igzó–stid,* erschöpft.

Eingeschlafen? Sieh mal die Entchen auf dem Teich, the ducklings!

Die Adresse von Señor López war nicht leicht zu finden, bis wir endlich, *eventually,* im Keller einer baufälligen Mietskaserne landeten, einem ärmlichen Elektroladen, auf dessen Schild in der Tat, *actually,* die verblichenen Lettern Ramón López standen. In the tiny shop window (*taíni,* winzig), there was a lamp, one or two bulbs, Glühbirnen, and some ˑplugsˑ, Stecker. That was all.

Señor López was a short, fat, rather dirty but pretty friendly-looking man. When we ˑproducedˑ, vorlegten, our 300-page translation, he panicked. "Cojones!" rief er aus (*ko*CH*ónnes,* ein sehr unanständiger, aber üblicher Ausruf); er habe Señor Abramowicz doch nur gebeten, ihm mündlich, by word of mouth, einen etwas spezielleren Stecker in diesem Katalog zu erklären, "un enchufe" (a plug), von dem er ein paar bei einem Grossisten... was um Himmels willen ("santa leche de la santísima!" bei der heiligen Milch der heiligsten Jungfrau) – was solle er denn *damit* anfangen? Er starrte uns mit puterrotem Kopf an.

We said nothing. Señor López shrugged his shoulders, zuckte die Achseln, zauderte, und gab uns schließlich ein kleines Reisebügeleisen, a little iron, *aï(e)n,* als "compensación", wie er sagte.

"Das kleine blaue, das Du im Koffer hast?"

Exactly. I gave Antonio ten pesetas for his ˙share˙ in it, für seinen Anteil. After all, *á-ft(e)ró-l,* we had worked hard, for nine weeks.

"Aber es funktioniert ja gar nicht."

It doesn't. But I like it. Besides, I use it as a paperweight, Briefbeschwerer, for the manuscript pages of ˙this very˙ book. Hope you don't mind.

"I don't."

So, jetzt hast Du genug Luft geschnappt, Darling, jetzt gehen wir in das schönste, weil überschaubarste Museum der Welt, einfach um die Ecke, round the corner.

Nein, Doosie, das ist noch nicht der Prado. Dieser dreitürmige Monsterkitsch aus der Jahrhundertwende ist, wie ihn die Madrider gleich einer Kirche nennen, "Unsere Liebe Frau der Verbindungen" Nuestra Señora de las Comunicaciones: die Hauptpost. As everyone knows, Spain is a very religious country ... Aber *hier* ist er, der Prado.

Was sagen Sie zu "meinem" Goya, Gnädigste? Er heißt "Die Grassteppe des Heiligen Isidor". It's much nicer in Spanish: La Feria – the fair, das Volksfest – La Feria de San Isidro. It was painted as a sketch for a huge Gobelin tapestry which was never executed (made). Dieses hinreißend Skizzenhafte! Das Volk im Vordergrund, bunt und lebhaft, dann die stille, sonnendurchglühte Landschaft, und ganz hinten, brennend weiß in der Hitze, Madrid. Das Bild steht irgendwie, ˙somehow˙ – ein Schriftsteller sollte eigentlich nie "irgendwie" sagen, nor should he say "somehow", aber bitte lerne dieses herrlich bequeme Wort: ·somehow· this canvas stands, in time, between the younger "friendly" Goya and the old man, dem alten tauben Genie mit seinen herzzerreißend grausamen "Schwarzen Bildern", dem Saturn zum Beispiel, der seine Kinder frißt – visions of our atomic age.

Aber sieh Dir auch seine zwei Majas an, *ma*CH*as* (das spanische "J" wird wie "ch" im deutschen "ach!" ausgesprochen) – see the nude (naked) Maja first, and then the clothed one. The world-wide gossip, Klatsch, about the nude, *nju–d*, Akt – was the model perhaps the Duchess of Alba or someone close to her? – that gossip is less interesting than the picture: it's something like Manet's "Olympia" we saw in Paris. Painted long before Manet, around 1800, it brought Goya before the Inquisition. So, und jetzt zur bekleideten Maja gegenüber, "La Maja vestida": die ist in ihrer Transparenz vielleicht *noch* nackter.

El Greco sehen wir uns in Toledo an, ja? Sonst wird's zuviel auf einmal.

Hier, Velazquez. He is rather a "painters' painter", ein Maler für Maler, denn eigentlich können nur Profis seine absolute Souveränität voll würdigen – fully appreciate, *äpri–schieit*. Even so, we must go and see his most famous painting, "Las Meninas", an enormous canvas showing the Infanta, Philip IV's daughter, with her maids of honour ("meninas", Hoffräulein), plus some other people. Just look at her alone, six or seven years old, with her flaxen hair, in that light silk crinoline: isn't this the sweetest child portrait you've ever seen?

"Der Hund im Vordergrund gefällt mir *noch* besser, Doubleyou."

Na ja, ·by all means·, so gut gemalt ist sonst kein Hund. Komm, Doosie, hier: Hieronymus Boschs Hauptwerk, "Der Garten der Lüste". This is a *must*: Dieses Gewimmel von erotisch, tierisch, göttlich verschlüsselten Figuren und Formen, um 1500 ultramodern, surrealistisch gemalt, das muß man gesehen haben (– if only in the form of a good reproduction, my darling armchair tourist).

Wenn ich daran denke, daß ich alle diese Schätze einmal habe im Regen stehen sehen, in der Dämmerung, auf drei oder vier großen Lastern, unter durchschossenen Planen in einer dreckigen, verlassenen Straße Valencias: der Prado, el Prado de Madrid, auf der Durchfahrt nach dem sicheren Genf, 1937, Spanischer Bürgerkrieg . . .

Aber hier links, Tizians hochberühmtes Reiterbildnis Karls V. – some lovers of art go to Madrid only for the sake of (because of) this painting –, dieses berühmte Bild kannst Du links liegenlassen, skip it.

"Ich finde es gräßlich, Doubleyou."

Thank you, Doosie. Dafür schenke ich Dir "gräßlich" auf englisch: ghastly, *gá–stli*. Und ein weiteres Geschenk: "I'll buy you", as the Americans say – I'll buy you a nice cup of coffee in the cafeteria downstairs, *käfití–ri(e)*.

Oder wollen wir zu Casa Botín gehen und ein "cochinillo" essen? Sehr berühmt! Spanferkel.

"Pfui Teufel! What is 'pfui Teufel' in English, Doubleyou?"

– ugh, darling, pronouced *(e)hh* or in any way you like.

"*(e)hh!*"

Well, instead of eating a "cochinillo" we can always go to a bullfight, a "corrida de toros", Stierkampf, an sich ein hochkünstlerisches Schauspiel. What do you think?

"*(e)hh!*"

Na, dann gehen wir eben in die *käfití-ri(e)*.

P.S.

Probieren Sie doch einmal diese "ensaimadas", Doosie, passen großartig zu Ihrem Kaffee, federleichte spanische "Schnecken", am besten allerdings in Barcelona oder auf Mallorca.

Aren't museum cafeterias something very special? ·In my experience·, meiner Erfahrung nach (ja, noch mal die Wichtigkeitspünktchen!) – in my experience museum cafeterias have an ideal public. Thinking of all the attractive as well as intelligent young women I managed to pick up in museum cafeterias . . .

"Sie sind früher sicher ein ziemlicher Lustmolch gewesen, Doubleyou, weren't you?"

Well, when you're old it's better to tell the sins of your youth before you forget them.

"*(e)hh!*"

That reminds me of Don Ignacio. He was a Spanish grandee, ein Grande, about seventy, while I was in my early twenties. He was a heavy, thickset old man with an enormous belly-Bauch or ·paunch·, *po–ntsch,* und mächtigen weißen Augenbrauen im zerfurchten Gesicht. Er war ein Graf, a count, un Conde, his full name being Don Ignacio, Conde Roca de Tigores – ein Quijotesker Name, der vollkommen zu ihm paßte: Don Ignacio was as poor as a church mouse (ja, das sagt man auch auf englisch), a nobleman gone to seed, heruntergekommen.

Jeden August, wenn Madrid am heißesten war und die Preise meiner Wanzenzimmer-Vermieterin am billigsten – every August he ˙would˙ come (your "he always came"!), he ˙would˙ come from Cuenca, a small town in dry and poor Castile, *kastí–l,* where he resided in a ramshackle-verfallen Castilian castillo, to visit the Capital, die Hauptstadt. Dies offenbar, um sich an der Quelle über die politischen und anderen Geschehnisse auf dem laufenden zu halten, to keep himself up-to-date, for three or four weeks, every August, obwohl Madrid zu dieser Zeit so gut wie menschenleer war.

So saß er denn in seinem ausgefransten Samtjackett den ganzen Tag in glühender Madrider Hitze im Flur der Wanzenzimmer-Wohnung, gleich neben dem Eingang, in einem verfallenen Korbstuhl, in a ramshackle wicker chair, und sog an einer dicken, stets ausgegangenen Havanna – apparently the only one he could afford.

> 1. Bitte um Bügeleisen, Glühbirne, Stecker, wie in Señor López' Schaufenster, und zwar auf englisch, schriftlich auf dieser Cafeteria-Serviette. – Nein, ich erzähle nicht weiter, wenn Sie nicht mitspielen, if you don't ˙play ball˙. Du hast Deinen Kaffee und Deine Ensaimada, kannst ganz zufrieden sein, you can't complain.

> Und außerdem bin ich so lieb und sag's Dir
> gleich: ...... iron, *ai(e)n*, bulb, plug.

So saß er also da, in his ramshackle wicker chair by the front door, each and every day watching people going in and out. Er schien mit keinem zu sprechen. But one day when I was about to leave the house, he beckoned me to his wicker chair, winkte mich heran und sagte:

"Oiga, joven" (listen, young man). Dann, nach einer feierlichen Pause: "La mujer mata al hombre", *la mu*CH*ér máta al ómbre* – CH wie in "ach". Auf deutsch: Die Frau tötet den Mann.

Ich fragte, wieso und warum, sogar zweimal fragte ich anstandshalber, aber mehr kam aus ihm nicht heraus. "Ya sabe", sagte er ("as you know"): "La mujer mata al hombre."

> 2. Bitte um "gerade noch durchkommen" (durch ein Examen zum Beispiel), "sich durchschlängeln", wie Antonio und ich es mit unserer schlechten Übersetzung zu machen hofften. Ich nannte es bei der Gelegenheit "mit einem blauen Auge davonkommen". Remember? ...... to get by.

When I came home that day, rather late at night, I found him still sitting in his wicker chair. "Escuche bien", he beckoned me, "hören Sie gut zu." Er zog seine mächtigen Augenbrauen empor, machte eine feierliche Pause, and then spoke these words:

"La mujer mata al hombre."

Ich heuchelte Interesse, I 'pretended' to be interested and asked again, for decency's sake, anstandshalber: "Porqué es éso?" Why is that so?

Don Ignacio, Conde Roca de Tigores, seeing that he had to give a reason, einen Grund, kam nah an mich heran, hielt eine Hand an mein Ohr und flüsterte:

"La mujer mata al hombre."

> 3. Bitte um "Honorar", auf englisch. Mr Abramowicz had asked for ten percent of it: ...... a fee; und zwar als Provision. Heißt nicht "provision" auf englisch, sondern ...... commission.

So ging es tagein tagaus, day in day out. Jedesmal, wenn ich mein Wanzenzimmer verließ oder wieder betrat, winkte er mich an seinen wackeligen Korbstuhl heran und sagte: "Hören Sie, junger Mann – oiga, joven!" (Pause) "La – –" na, Doosie, was sagte er?

»*La muCHér máta al ómbre,* Du Kindskopf!"

Lovely, Doosie. Zum Dank auch keine weiteren Fragen mehr, denn mehr als das hab ich aus Don Ignacio den ganzen August über nicht herausbekommen; dann war er plötzlich verschwunden, vanished.

Vanished. Wie ein Geist – wie der Geist des armen, dürren, sonnenzerglühten Kastilien, aus dem er gekommen war. Poor, arid, sun-torn Castile, with Don Quixote still wandering over its desolate lands on his hungry, skeleton-like Rosinante.

TOLEDO

Poor Spain, Rich Spain

Poor, arid, sun-torn Castile! You saw it on your way here, the whole seventy kilometres between Madrid and Toledo. Diese armseligen Dörfer auf kärgstem Grund und Boden. One saw it very clearly: Madrid has no hinterland (this is English as well). Eigentlich eine künstliche Stadt, ein "Brasilia", im 16. Jahrhundert inmitten einer steinigen Wüste zur Hauptstadt kreiert, weil dieser Ort zufällig in der Mitte Spaniens lag – because it ·happened· to lie ... et cetera.

Was für Kastilien gilt – what is true of Castile is true, ·by and large·, of Spain as a whole, das gilt im großen ganzen, ·by and large·, für ganz Spanien: ein armes Land, und doch so reich an Talent, an Genie. Ramón y Cajal, the Spanish Nobel Prize winner, once said: "The talents of our country vanish (disappear) in the heat as our rivers vanish in the sand."

Die Hitze lauert überall, man sieht es auch im Winter an den verblichenen Schildern, den sonnenzerfressenen, skelettweißen Mauern und Wänden, der vertrockneten Erde – the heat is everywhere, paralysing an entire nation so gifted, begabt, and so lovable in its melancholic dignity, Würde. Armes Spanien, reiches Spanien.

Stolzes Spanien! Sieh Dir dieses Toledo an, nein, hier von dieser Ecke aus, komm mal her, da siehst Du diese Stadt auf dem dramatisch hohen Plateau über dem Tajo-Fluß so grandios, surrealistisch fast, wie sie El Greco um 1600 im Blitzlicht eines Gewittersturms sah – a fantastic picture, the first "expressionist" landscape ever painted. It's now in New York, Metropolitan Museum of Art.

Expressionistisch – das macht mir El Greco zur Jugenderinnerung: Lange betrachtete man ihn als eine Art, some sort of, mystischen Vertreter des dekadenten Manierismus, mit seinen verzerrten, distorted, und in die Länge gezogenen Gestalten. Dann aber, in "meinen" zwanziger Jahren, in the golden twenties of German Expressionism, El Greco was suddenly "in": we loved him, we adored-vergötterten him, and we believed we had personally discovered him.

Since then, Toledo has become a place of pilgrimage, *pill-*, ein Wallfahrtsort, hin zu El Greco, dem "Griechen" (Greco) aus Kreta, der hier lebte und starb. Toledo ist voll von seinen Werken, in Kirchen, Museen, Hospitalen. Laß uns in die Kirche Santo Tomé gehen, da hängt sein berühmtestes Gemälde, "Das Begräbnis des Grafen Orgaz".

Hier ganz unten auf dem Riesenbild: das wachsbleiche Haupt des Toten in den Armen des Heiligen Augustinus – what a sublime detail! Legend has it that St. Augustine and St. Stephen, *stí–vn*, personally buried him (begruben), as a reward for his good deeds. (reward, *riwó-d,* Doosie: Belohnung!) Und da oben, in einer Höhe von drei oder vier Metern, der Engel, angel, *eĩndj(e)l,* der die Seele des Toten in den Himmel geleitet, inmitten der Heiligen. Diese Unzahl von Gesten, Menschen, Gebilden kann man nicht überblicken, nur genießen.

Noch schöner, wenn auch weniger berühmt ist, ˙if you ask me˙, "Die Eröffnung des fünften Siegels der Apokalypse", ein unglaublich modernes Bild mit ekstatisch verzückten, in Blau, Rot und Braun himmelstrebenden Figuren – a painting that could have been done by Kokoschka, Beckmann and Cézanne ˙rolled into one˙, in einer Person. Aber leider hängt dieses phantastische Gemälde auch wieder woanders, in New York.

"Doubleyou, wir sind in *Toledo,* if you don't mind."

Ich weiß, darling. Aber über El Greco zu schwatzen ist oft leichter, als ihn anzusehen: er ist eine ziemlich schwere Kost, a pretty heavy ˙diet˙, *daï(e)t,* die man sich leicht überißt.

"But we must look at his 'Espolio' in the Cathedral, W, it's in my Toledo guidebook, with two ˙asterisks˙, Sternchen."

By all means, meinetwegen, ˙if you insist˙, Doosie.

"And then the 'Museo del Greco'. It's a must, my guidebook says."

No, Doosie, we'll be tired by then.

"And after that, Doubleyou, the 'Museo de Santa Cruz'. My guidebook says there is a big room full of El Grecos."

No, Doosie, STOP IT!

"And then the 'Hospital Tavera', El Greco's famous 'Baptism of Christ' ..."

La mujer, Doosie –

"La mujer, *mu*CH*er*, Doubleyou –"

Come on, Doosie, let's sing that together, in honour of Don Ignacio, and Toledo, and Spain, and Don Quixote, *donn kwíks(e)t* (sorry):

La mujer mata al –

"Warum 'al', nicht 'el' hombre, Doubleyou?"

Personen im Akkusativ werden im Spanischen präpositional mit –

"Danke, W, alles klar."

The Druckpufferauslösestecker

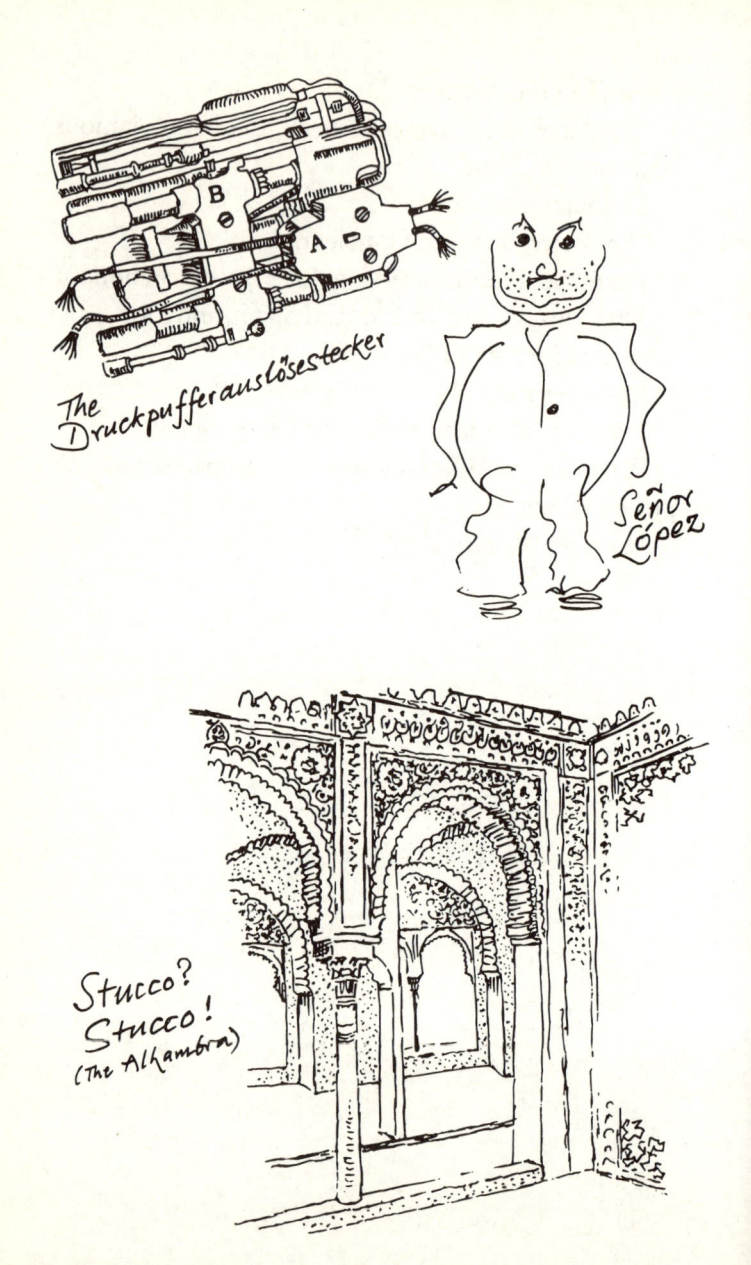

Señor López

Stucco? Stucco!
(The Alhambra)

BY A SWEDISCH LAKE

Some National Generalizations

It's about time – es ist an der Zeit, daß wir wieder mal ins Grüne kommen, Doosie. Und wie grün es hier ist! Greener even than in Germany. The Swedish air ·accounts for· it (is the reason): this crystal-clear air that makes forms and figures, trees, houses, clouds and people assume (get) a plasticity of their own. Beautiful.

Merkwürdig, mit Dir wieder in das Land zurückzukommen, aus dem Du mich "errettet" hast. More than forty years of exile in Sweden, after Spain, France, Italy. Twice as many years as I've ever lived in Germany, and yet those forty years now seem to be no more than a few seconds –

– als wenn ich heute nacht den Alptraum gehabt hätte, mich jahrzehntelang in Schweden vergeblich um Arbeit und Lebenssinn abgestrampelt zu haben. Dann heute morgen erwacht, beim Zähneputzen zehn Sekunden lang kopfschüttelnd an diesen blöden Traum gedacht, und dann alles auf immer vergessen.

Forty years: just forgotten now that I'm home again. Isn't that rather an "Armutszeugnis" for myself, a pretty poor show? Kann Dir leider "Armutszeugnis" nicht besser übersetzen, selbst Langenscheidts wirklich großartiger "Der Kleine Muret-Sanders" kann das nicht, er quält sich nur mit weithergeholten, ˙far-fetched˙, Umschreibungen ab, wie "evidence of incapacity". (Warum nicht ehrlich sagen, daß ein Wort im Englischen nicht existiert, aber ungefähr das und das bedeutet? Komisch, in der Lexikographie scheint seit dem dunklen Mittelalter immer noch das unverbrüchliche Dogma zu herrschen, daß alles, aber auch alles übersetzbar sei – ˙unbracket˙, Klammer zu.)

Schön, daß Du mich wieder nach Schweden gebracht hast, Doosie. It's such a wonderful country *per se*, in itself, an sich – its nature, its many different landscapes. Und wenn Du die Schweden selber als Teil dieser schönen schwedischen Natur auffaßt – sie passen sich ihr ja schon von alleine an, wie Mimikry –, dann sind sie *auch* ganz nett: schweigsam wie eben die Natur, in sich selber ruhend, selbstzufrieden und völlig kommunikationslos. Für Touristen vielleicht akzeptabel. Für einen Emigranten aber, der hier Kontakt sucht, Anschluß, Arbeit, sind solche Leute nun nicht gerade das Richtige. Der hat in diesem Lande nichts zu suchen – oder *hatte* nichts zu suchen: Sweden has changed a little meanwhile, a younger and better generation has been growing up.

To tell you the truth, Doosie, um ganz ehrlich zu sein: ich bin aus diesem Land nach all den vielen Jahren immer noch nicht klug geworden. The best way to find out, ˙I guess˙ (britischer: I suppose) – the best way to find out the truth about Sweden is to talk to Germans who stayed there for a few days. Sobald Du ihnen erzählst, Du hättest vierzig Jahre in Schweden gelebt, werden sie loslegen und Dir alles über Schweden erzählen. Solltest Du dann in irgendeinem Punkt anderer Meinung sein, dann sind sie böse, ˙cross˙. In some respects, ˙I guess˙, the Germans will never change.

"Quatsch, Doubleyou. Die Schweden, nach meiner eintägigen Erfahrung, sind ganz anders, als Du sie beschreibst. Entzückend sind sie und äußerst kontaktfreudig!"

My sweet German Doosie, I love you. Aber Dalarna ist nun *wirklich* entzückend. Diese "Täler" (schwedisch: dalarna), etwa in der Mitte dieses unendlich langen Landes gelegen – Dalarna is perhaps Sweden's most beautiful region, particularly (especially) around Lake Siljan, where we are now. Landschaftlich eine Art schwedisches Oberbayern, menschlich eine alte Kulturlandschaft: diese herrlichen alten Bauernmalereien, in denen biblische Szenen naiv, von stilisierten Kürbissen (pumpkins) und Kürbisblüten umgeben, in Dala-Trachten dargestellt werden – auch der liebe Gott trägt gelbe Dala-Hosen, and a black top hat.

Die Bauernschränke! One of them, dated 1801, stands in our bungalow, with Jacob's ladder on the one door of the cupboard, David playing the harp for Saul on the other, and pumpkin flowers all around. That's probably why the rent, die Miete, of our bungalow is so high. Ich weiß, Doosie, Du liebäugelst mit dem Schrank. The price of a cupboard like this is ˙prohibitive˙ (wie gehabt). Shall I buy it for you? Denn (wie gehabt:) ˙thanks to you˙ we can – na, Doosie, unsere Melodie, bitte sing mit, und ich mach die Pünktchen:

˙we can afford it˙

Es war doch richtig von mir, diese süße "stuga" (cottage, bungalow) am Siljan-See für uns zu mieten? So leben eben die Schweden im Sommer, in ihren dunkelrot angestrichenen Holzhäuschen mit den schneeweißen Eckpfosten und Fensterrahmen auf der grünen Wiese, bezaubernd sieht das aus, enchanting. Fast jeder Schwede, naturnah wie die Leutchen nun einmal sind, hat so eine "stuga".

Nein, nicht *stuga* aussprechen, sondern *stüga*. Here is a little lesson in Swedish phonetics for you: o wird meistens wie u ausgesprochen, u wie ü, und å wie o. Slightly confusing, I admit.

Naturally, having a "stuga", there is a ˙drawback˙ (your "disadvantage" geht auch) – the drawback that you have to go shopping in a far-off village, to get food, toilet paper, everything. You may not like that –

"Me? Schließlich bist Du ja *auch* noch da!"

Doosielein, "you" bedeutet "man" auf englisch.

"Sehr praktisch, Doubleyou."

Very practical indeed. When getting your toilet paper in that village, don't forget to buy *sill*, herring, the best thing there is in Sweden. And *falukorv*, a sausage-Wurst you fry in slices, Scheiben, together with fried potatoes or cauliflower, *kólli-*, Blumenkohl. (The combination with cauliflower is my personal invention.) And then you –

"You! Immer dieses You!"

– and then you can also skip the whole thing and go to a nice restaurant, letting someone else pay for you. Gemütliche Wirtshäuser oder Kneipen gibt es allerdings in Schweden nicht, nor any other human amenities (schlag das nicht nach, es ist maßlos übertrieben), aber irgend etwas werden wir schon finden, ein Nobelhotel zum Beispiel, das gibt es hier in der Nähe. Dort bestellen wir *sill*, eine ganze Musterschüssel aller Arten, eine *sillbricka*. It's simply *dilisch(e)s*.

Ich finde, wir bleiben eine ganze Woche hier, at least, wenn's nur keine vierzig Jahre werden. Und machen's uns gemütlich in der *stüga*, hier beim Kamin, our fireplace. Ausflüge können wir auch machen, vor allem nach Sundborn in der Nähe, wo Carl Larsson um die Jahrhundertwende lebte – "at the turn of the century", remember? Er ist der skandinavischste aller skandinavischen Maler. Diese tiefe Liebe zur Natur, zum Leben auf dem Lande. Seine Stuga in Sundborn: schlichte, ländliche Formenschönheit und unverfälschte Lebensfreude mitten im überladenen Wilhelminischen Zeitalter. You simply must buy a book of his, with water colours of his home, his children, his garden. You'll get one in practically every German bookshop. The design of his furniture alone, diese schönen, einfachen Möbel! Was wäre IKEA ohne ihn! Na ja, man kann schon einiges von den Schweden lernen.

"Aber wie haben Sie's – wie hast Du's da vierzig Jahre lang ohne richtige Arbeit ausgehalten, wo Du doch weiß Gott kein Naturmensch bist wie die Schweden?"

Thank you for asking, Doosie. The answer is, first, that after Hitler I tried to return to Germany, but no one wanted me. Things were like that in the fifties and sixties, and in the seventies I was too old for an ordinary job. Und zweitens fand ich trotz allem Arbeit in Schweden – nämlich bei den Engländern und Amerikanern, an ihren Botschaften in Stockholm. It was there that I fell in love with the English language.

An diesen Botschaften, auf der Suche nach einer neuen Heimat, lernte ich Englisch auf Deubel komm raus, like hell (feiner: ·frantically·); lernte "aktiv", wie ich Dir das immer predige, bewußt, mir selber einhämmernd, nicht nur passiv "verstehend". Perhaps I'll give you an example of this method tonight when we're sitting in the warmth by our stuga's fireplace, with a view of the lake in the bright Nordic dusk.

"Aber *etwas* Englisch hast Du doch gratis gehabt, bei Deinem englischen Namen?"

Doosie, my father was born in England, but at the age of five he was brought to relatives in Berlin, as an orphan, Vollwaise, and there he grew up and became a German economist (Nationalökonom). Deshalb ist der Name zwar immer noch englisch, aber wir sprechen ihn deutsch aus, also *Landsburg*, not *Ländsbörg* or the like.

Als ich einmal in einer kleinen Buchhandlung anonym nach einem meiner Bücher fragte – ich war neugierig, ob es dort bekannt war – und als Verfasser *Landsburg* nannte, sagte die Buchhändlerin etwas herablassend: "Meinen Sie *Ländsbörg*?" Und komisch war's einmal in einer NDR-Talk-Show: In der Vorbesprechung stellte sich mir der leibhaftige Thronprätendent Dr. Otto von Habsburg vor und sagte schlicht *Habsburg*, worauf ich mit einem ebenso schlichten *Landsburg* antwortete. Er sah mich stumm an.

The story of my name is pretty simple: ˙originally˙, ursprünglich, my ancestors (great-great-great-grandparents or so) – my ancestors emigrated to Jamaica, which was British then. They were Jews, presumably German Jews with the common Jewish name of Landsberg – a name which they later anglicized to become Lansburgh. That's the whole story. I think I told you a much wilder story in one of my earlier books, but that was at a time when you and I didn't know each other so well, and I wanted to ˙impress˙ you, ich wollte Dir imponieren.

I need not now, do I?

P.S.

Sitting by the fireplace in this marvellous Swedish twilight – just look at the silvery lake and those bluish hills and mountains – in diesem herrlich hellen schwedischen Sommer-Zwielicht jetzt in der Nacht, bei knisterndem Kaminfeuer, möchte ich mal ganz prosaisch sein, damit's doppelt gemütlich wird, und mit Dir ein kleines Beispiel von "aktivem" Lesen durchgehen, wie ich's Dir immer predige.

Jeder beliebige Text genügt, ˙any˙ text will ˙do˙. Hast Du was Nettes auf englisch? Vielleicht eine Gebrauchsanweisung für Deine Kosmetika, wenn sie nur in echtem Englisch ist, oder – ja, hier, "The Guardian", im Ständer, ein Engländer muß in unserer Stuga logiert haben, gute Zeitung, noch vom vorigen Herbst, 29. September.

Was wollen wir nehmen? Wie gesagt: any text will do as an ˙object lesson˙, Anschauungsunterricht. Here, for instance, Women's Page, an article on women in prison, Gefängnis. Wir nehmen uns einfach die ersten fünf oder zehn Zeilen vor, und ich mache kleine Nachdenk-Fußnoten dazu, ganz so, wie ich eben selber beim "aktiven" Lesen nachdenken würde; und das auf einem ziemlich fortgeschrittenen Niveau, wie's bei mir vor etwa zwanzig Jahren aussah. Dein Niveau ist höher oder niedriger – meinetwegen *viel* niedriger: na, dann sähen Deine Nachdenk-Noten eben anders aus. Und natürlich mußt Du nicht *immer* in dieser umständlichen Art und Weise lesen, das wäre ja schrecklich; but once in a while, for half an hour or so, *please*.

Well, here are the first few lines of the article, laß Dich nicht abschrecken, ˙deter˙, *ditö(r)*, wenn Dein Niveau viel niedriger sein sollte. Es geht ja nur ums Prinzip.

Der Inhalt dieses Artikelanfangs ganz kurz im voraus, damit es etwas leichter geht: Eine Frau namens Barney Bardsley, die ein Buch "Flowers In Hell" schrieb, will damit gegen das Bild der straffälligen Frau als "Monstrum" angehen. Sie interviewte Frauen, die verschiedene Verbrechen begangen hatten (die werden aufgezählt) und dafür bestraft wurden.

So. Ich lege noch ein paar Holzscheite auf, und dann geht's los.

> When she set out[1] to write[2] "Flowers In Hell", Barney Bardsley wanted to dispel[3] an[4] image of "the criminal woman as a monstrous creature[5], a woman set apart."[6] She talked[7] to women convicted of[8] murder, theft, arson[9], fraud, political offences[10], drug smuggling and[11] criminal damage, who were sent to prison or mental hospitals[12] as punishment.

Während es in unserem Kamin gemütlich prasselt, while it is crackling cosily:

1. "When she set out": Ich hätte natürlich "When

she *started*" geschrieben, aber "set out" ist ja hundertmal lebendiger, hat auch den Beiklang des "sich Daranmachens". Aber ach, wie schwer sind diese an sich so einfachen Zusammensetzungen mit "set", "get", "put" et cetera!

2. Aha: "set out *to* write", nicht set out *writing*.

3. "dispel": Sehr gutes Wort, passiv vielleicht schon bekannt, bitte aktiv merken! ˙dispel˙, *dispéll*, zerstreuen (zum Beispiel: Zweifel zerstreuen), vertreiben, hier ungefähr: zerstören. Ich hätte natürlich wieder mein ewiges "destroy" gebraucht. Und Du auch, Doosie: ˙Correct me if I'm wrong˙!

4. "*an* image of ..." will sie zerstören, dispel, ein englisch-bescheidenes "an". Ich hätte natürlich "the" image zerstören wollen, weil ich ein Deutscher bin ...

5. "creature": Ganz schnell noch mal Aussprache kontrollieren. Ja, *kri̇́–tsch(e)*. Übrigens, Doosie, vor ein paar Stunden erwähnte ich eine Wurst, a sausage. Wie sprichst Du "sausage" aus? ...... *sóssidj*.

6. "a woman set apart": Viel besser und viel anschaulicher als mein fades "separated" oder Dein (?) politisches "discriminated". Aber wieder einmal eine dieser elend einfachen, elend schweren Zusammensetzungen mit "set", "put" etc.!

7. "She talked to women" – gutes, einfaches, menschliches Englisch, statt meines computertoten "She interviewed women". Und außerdem: She talked *to* women hier viel besser als *with*, was ich vielleicht gesagt hätte.

8. "women convicted (verurteilt) OF", nicht FOR. Ach ja, die Präpositionen!

9. "arson": Giftmord? Brandstiftung? Nicht so wichtig jetzt, später mal nachschlagen. First of all, learn the things you *know*! Lerne aktiv, was Du passiv schon verstehst! (Na schön, Doosie, Du scheinst mir unzufrieden zu sein, es ist Brandstiftung.)

10. "offences": Gutes, umfassenderes Wort als das speziellere "crimes".

11. "... fraud, political offences, drug smuggling and ...": Diesmal kein Komma vor "and", obwohl doch eigentlich ein Komma bei Aufzählungen im Englischen nicht ungewöhnlich ist. Geschmacksache? Beobachten!

12. "mental hospital": Gutes, modernes Wort, merken! Ich lernte noch in der Schule das jetzt verstaubte, diskriminierende "lunatic asylum". Und Du?

Macht nichts, Doosie, never mind, wenn so etwas lange dauert, es lohnt sich, it's worth while. Hinterher kannst Du ja dann zum Vergnügen einfach weiterlesen, "passiv", meinetwegen natürlich auch einen einfacheren Text. Und *so* intensiv wie in meinem Beispiel muß es ja nun bei Dir auch nicht zugehen. Take it easy! Aber es ist doch wirklich nicht zu glauben, wie schwer es ist, "aktiv" zu lesen (und zu hören), nicht über Dinge hinwegzulesen, hinwegzuhören, die hundertmal erlebte Schwierigkeiten oder Sprachplumpheiten ausräumen können.

Or did you find the whole exercise a little too "Talmudic" for your taste? Don't worry, Doosie, a drop of Jewish blood won't do you any harm.

Doch vor einer anderen Gefahr muß ich Dich bei meiner Methode warnen, eine Gefahr, die übrigens bei jedem Erlernen einer Sprache besteht: Dein Bestreben, Dir die Eigenheiten, die festen Wendungen, die Gesetzmäßigkeiten, ja den Geist einer Fremdsprache zu eigen zu machen, ist eine sehr extreme Form der Anpassung, des Konformismus. Ich warne Dich! Und da es überdies nichts Konventionelleres und Konservativeres gibt als eine Sprache – sonst würden sich die Leute ja nicht verstehen –, there is the additional danger of your getting a little conservative, more or less as conservative as I am. Don't blame me, Doosie, I warned you.

"Das Feuer ist ausgegangen, Doubleyou."

STOCKHOLM

Finding Out What's Wrong With Me

Zugegeben – I ·admit· that this is not the best way of entering a town: these desolate Stockholm suburbs! So schlimm ist es ja nicht einmal in unseren größten Industriestädten, und das in einem so großen, so dünn besiedelten Land wie Schweden. How can people ·stand·, aushalten, living in these ghettos of concrete, Beton? How can children live here? How could the city council, der Stadtrat, systematically plan such things?

Vor ein paar Jahren wollte die schwedische Regierung in einer Meinungsumfrage wissen, in an opinion poll, ob "geplante Vorstädte" dieser Art beliebt seien oder nicht. Zum *maßlosen Erstaunen* der Regierung, to their open-mouthed astonishment, stellte sich heraus, it ·appeared·, daß die Menschen es vorzogen – that people preferred to live in houses of their own . . .

Can you ·step on it·, please, mehr Gas geben, so that we get this ghetto behind ourselves? ·Just as well· (gut, daß . . .) – just as well we rented a Volvo.

Aber es hat auch sein Gutes, daß Du nach dem Stuga-Idyll diese Wohnhölle siehst. These two things characterize the whole country: there is a constant polarity between Technology and Nature here. The

Sweden 'issue' – die Schweden-Nummer des "Merian" Reisemagazins überschreibt seine erste Seite mit den Worten "Computerstaat und Naturreservat". That 'sums it up', frei übersetzt: das sagt alles.

Und sie lassen es sich gefallen, they 'put up with' it. The Swedes are the most law-abiding people I know – law-abiding: "gesetzeshörig".

"Na, schon die Steuern, W, und der Sozialismus."

Steuern, gewiß. Aber "Sozialismus" – ich weiß nicht recht. Swedish "Socialism" believes in milking the cow of Capitalism as much as one can – without killing the cow. They're quite good at that. Das hat ihnen auch das Prestige eines sozialen Modells eingetragen: "Sweden, the Middle Way" was an American bestseller in the 'postwar' years, Nachkriegsjahre, *powstwo(r)*. Aber "der höchste Lebensstandard in Europa", den die Schweden zu haben glauben – that highest standard of living is pure self-deception, Selbstbetrug. Da braucht man sich nur diese Wohnghettos anzusehen.

"Na, und dann fünfzig Jahre lang die Sozialdemokraten am Ruder, oder noch länger. Nicht, daß ich etwas gegen die Sozis habe, im Gegenteil, aber *so* lange –"

Maybe. But I think the Social Democrats are relatively innocent, unschuldig. Die Schweden sind nun einmal das homogenste, ja einförmigste Volk, das ich kenne. Weshalb sie sich ohne jede Parteihilfe sozusagen von selbst gleichschalten – they equalize themselves automatically, 'as it were'. Und überdies – auch das eine Einförmigkeit, aber eine gute –, überdies habe ich noch nie ein Volk gesehen, das durchgehend ein so ausgeprägtes soziales und allgemein menschliches Gerechtigkeitsbewußtsein besitzt. Let's be fair to the Swedes.

So, jetzt sind wir aus dem Gröbsten raus, die Stadt wird freundlicher, Du kannst langsamer fahren, wir sind in der Sveavägen-Straße. Noch langsamer bitte, paß auf, you aren't used to this kind of traffic. Sorry, I don't want to be a ‛back-seat driver‛, ein "Rücksitz-Fahrer", der immer dazwischenredet. Noch einmal, ein Hundert-Dollar-Wort: a back-seat driver.

Look, that big Victorian building to your left, that is Bonnier's, Scandinavia's most important publishing company, Verlag. The first Bonnier was a Jew from Dresden who came to Sweden in the early 1800s, and his son or grandson discovered August Strindberg and Selma Lagerlöf.

Ich arbeitete dort ein paar Jahre lang als fünftes Rad am Wagen, as the fifth wheel of the coach, unter anderem als dritter Produzent eines Buches länglichen Querformats mit dem Titel *Ställningar* ("Stellungen", sexual positions, with lots of photographs) – *auch* ein Nachfolger Strindbergs und Selma Lagerlöfs. As a result, I felt extremely unhappy there. When my boss heard about my unhappiness, he kindly slapped me on the back, klopfte mir freundlich auf die Schultern, and said: "The trouble with you, Werner, is that you don't *booze*, Du saufs nich."

That is how I found out what's wrong with me.

Dann, als meine Abteilung durch diesen Chef in die

roten Zahlen kam, 'got into the red', with sixteen million Swedish kronors' deficit a year – which was even more at that time than it is now – I was fired. My boss, however, is still there.

Jetzt anhalten bitte, wir sollten hier aussteigen, dies ist der schönste Teil Stockholms: Gerade gegenüber die Altstadt, "Gamla Stan", mit dem grandiosen Schloß, und vor dem Schloß der *Strömmen*, der "Strom", wo sich der Mälarsee mit der Ostsee vereint, where Lake Mälaren joins the Baltic, *bó–ltik*. There is water everywhere in this town: the various parts of Stockholm lie on individual islands. This, at least among the Swedes, has given Stockholm the name of "the Venice of the North". In fact, the impressive city hall, built in the early twenties, is a Nordic red-brick (Ziegel) version of the Doge's palace at Venice.

Aren't they ravishing (fascinating), these little narrow streets of the "Old Town", between the watercourses? 'As a matter of fact' (actually), the "Old Town" is more German than Swedish: Jahrhundertelang war Stockholm ein Vorposten deutscher Hansestädte, vor allem Lübecks. Many of these beautiful seventeenth-century houses were actually built by German merchants (businessmen). To this day, the old church you see over there is called "tyska kyrkan", "the German church".

Wo wir gerade auf diesem schönen alten Platz der Altstadt stehen: Gegenüber, im ersten Stock des Börsenhauses, wird alljährlich der Nobelpreis für Literatur vergeben. If you ask me – but perhaps you won't, darling – if you ask me, my personal opinion about this prize is not too high. For one thing, far too many Scandinavians have got it, particularly Swedes. ("Blowing one's own trumpet", the English say.) And for another thing, the prize seems to be awarded (given) in some sort of politically opportunistic rotation: Bald ist demnach wahrscheinlich wieder Deutschland an der Reihe, it will be Germany's ·turn·, wobei sich wohl die Nobelpreisverteiler oben im Börsenhaus den Kopf zerbrechen werden, rack their brains, whether it will be West Germany's or East Germany's ·turn· next time. Und schließlich habe ich noch einen weiteren Einwand, one more ·objection·: the most important writers of the 20th century didn't get the Nobel Prize *átó–l*: Tolstoi, Kafka, and James Joyce.

"Aber an Carl von Ossietzky wurde immerhin der Nobelpreis im Nazi-KZ verliehen, Doubleyou, das zeigt doch Mut!"

Don't ·argue·, Doosie, *á–gju* ("argumentieren", widersprechen, auch: streiten) – Ossietzky got the Nobel *Peace* Prize, awarded by the *Norwegians.*

"You put words into my mouth, only to be right *yourself!*"

·Quite·, Doosie, *genau.* But this time *you* are right.

"Damit machst Du mich noch lange nicht mundtot. Ich bin dafür, daß wir das irgendwo bei einem akzeptablen Essen durchdiskutieren. I can't ·argue·, *á–gju*, on an empty stomach."

Gelehriges Kind!

"Jawohl, ehrwürdiger Greis. Was heißt übrigens *Greis* auf englisch?"

Zum Glück unübersetzbar, Doosie. Ich kann Dir nur "old man" anbieten, und das kann man zu jedem Kumpel sagen ("listen, old man ..."). Was nun aber unseren Lunch betrifft, so habe ich zwei Vorschläge, two suggestions:

Der erste ist ein schönes Restaurant auf "Skansen", dem ältesten Freilichtmuseum der Welt: ein Hügel, von dem man einen großartigen, gorgeous, *gó-dj(e)s*, Blick auf das "Venedig des Nordens" hat. And my second suggestion is the historic tavern "Gyldene Freden" or "the Golden Peace", where Sweden's greatest literary genius – no, not Strindberg, but the poet and singer Carl Michael Bellman, 1740–95, ate and drank himself to death. It's a lovely place, in a cellar vault, in einem Kellergewölbe, right here in the Old Town, actually round the corner.

Whatever your choice, Doosie, was auch immer, 'whatever', you simply *must* buy "Weile an dieser Quelle; Carl Raddatz singt Lieder von Carl Michael Bellman". Denn erstens gibt Dir diese Platte eine Idee von der innigen Naturliebe und Lebensverbundenheit dieses Sängers, der noch heute der Stolz und das Eigentum jedes Schweden ist. Und zweitens trägt der Umschlag der Platte – the sleeve – eine bezaubernde, den Geist des Bellmanschen Rokoko herrlich pikant evozierende ('evocative'!) Zeichnung meines lieben Hamburger Freundes, des Zeichners Wilhelm M. Busch, der uns vor kurzem verlassen hat.

Now, Doosie, what is your choice for our lunch?

"Bellman's place, Doubleyou, the Golden something, or ˙whatever˙ it's called."

P.S.

"Tack för maten, Doubleyou."

Wo haben Sie denn das aufgeschnappt, Doosie?

"In meinem schwedischen Reiseführer, unter 'Sitten und Gebräuche'. Bedeutet doch 'danke fürs Essen' oder? – doesn't it?"

Ja, das ist eine reizende schwedische Sitte. In Schweden, you don't leave the table without thanking your wife (or your husband) or your ˙host˙, *houst*, Gastgeber, or ˙whoever˙, for the meal. Children do the same, they always thank their parents.

Abends kannst Du auch "tack för idag" sagen, "danke für heute". Auf deutsch klingt das vielleicht etwas linkisch, a little ˙awkward˙, *ó-kw(e)d*, aber auf schwedisch sagt man es gerne, wenn der Tag schön und harmonisch war. It's really sweet when an old married couple say so to one another at the end of the day, every night, after thirty or forty years of married life. Incidentally, I think I *did* say that to you once, I don't remember when.

"In Ascona, dear, on our first or second day."

What a formidable memory, Doosie! It will certainly help you now:

1. "Ich gebe zu", kam heute schon ganz am Anfang vor.

2. "Nachkriegs-" (Nachkriegsjahre, -generation, -politik, was auch immer, ˙whatever˙). Dazu auch noch bitte "die Zwanziger Jahre" – ja, kam vor, in connection with the building of Stockholm's famous city hall.

3. "Ich bin an der Reihe". Not so easy. We spoke about Germany's t... for the Nobel Prize. Also bitte: "Ich bin an der Reihe."

4. Argumentieren, behaupten, auch einfach "sagen", aber oft auch streiten, sich zanken. Carl von Ossietzky war der Streitapfel. Ein Hundert-Dollar-Wort.

5. Ein Mitfahrer im Auto, der alles besser weiß; ein malender englischer Ausdruck, den Du Besserwisser-Fahrern in Deinem Wagen freundlichst an den Kopf werfen kannst.

6. Saufen, as recommended by my Swedish boss. (Sorry about a sixth question.)

It's getting a bit smoky in Bellman's "Golden Peace", let's make our afternoon program and clear out.

Vorschlag Nr. 1: Wir könnten die Fähre hier von der Altstadt zum "Vasa-Museum" nehmen. Das ist vielleicht die größte "offizielle" Sehenswürdigkeit Stockholms: Die vom Meeresgrund gehobene "Vasa", das prunkvolle Flaggschiff Gustav Adolfs, das so prunkvoll, schmal und hoch war (allein 64 schwere Bronzekanonen und 400 Mann Besatzung), daß es bei seiner Jungfernfahrt, its maiden voyage in 1628, nach ein paar hundert Metern vor Tausenden von bewundernden Stockholmern stilleweg wie ein Stein versank und hier in der Nähe mühselig in den sechziger Jahren geborgen wurde. Well, anyway, also in Gustavus Adolphus' days, I suppose, the Swedes liked to ˙show off˙ (renommieren), just as they do today with their ˙welfare state˙, Wohlfahrtsstaat.

Suggestion No. 2: we could go to the "Nationalmuseum", the national picture gallery, some fifteen minutes' walk from here. Since the Bernadottes, the Swedish kings, are of French origin, they collected many French paintings, and very good ones ˙at that˙ (noch dazu). In the museum, there is, for instance, a fine canvas by Boucher with a lot of his masterfully naked women splashing about in the water ("The Triumph of Venus"). Also, there is an enchanting Watteau called "The Love Lesson", the gem-Juwel of the museum: Eine fast impressionistisch hingehauchte "fête galante" in traumhaft zarter Landschaft, in der einer der Kavaliere zierlich Gitarre spielt – bezauberndstes Rokoko.

Apropos of – (oder noch besser:) ˙speaking of˙ French painters, I should love to show you two or three small canvases by that superbly "simple" and "everyday" painter Chardin – perhaps the greatest of them all.

"Diese alten französischen Maler hätten wir uns doch eigentlich im Louvre ansehen sollen, damals, oder?"

Perhaps we should have. On the other hand, we saw the Impressionists in Paris, and one shouldn't bite off –

"– ˙bite off more than one can chew˙, bereits in Rom gehabt, bei dem elenden Grabmal Julius' II. You're repeating yourself, old man."

Mit Freuden tu ich das, I simply love to repeat myself, for your sake. Here, for example:

1. I admit. 2. postwar ...; the twenties. 3. It's my turn. 4. argue, *á–gju.* 5. a back-seat driver. 6. to booze, *bu–z.*

Doch eines dürfen wir absolut nicht vergessen: Wir müssen Stockholm "von oben" erleben. Wie gesagt, ein großartiges Panorama, simply gorgeous! Das muß ich mit Dir sehen, Love, denn ohne Dich bin ich blind. Let's have dinner on the hill of "Skansen", the open-air museum I mentioned. Just towards night, with the lights going on in the city, and that Scandinavian twilight all around – it's a superb view, *sjupö̈–b!*

"But –"

– dont ˙argue˙, darling!

UPPSALA

Eros and the Little Toe

Vielleicht doch gut, daß Du Deinen Kopf durchgesetzt hast, that you had it your own way, und daß wir die eine Stunde Bahnfahrt nach Uppsala nicht gescheut haben – *upsá–la*, dear, not *úpsala*. I am really glad we are here, Doosie, for I do want you to see the place where I lived and suffered until the age of seventy.

Schon diese riesige Bronzeskulptur gleich hier vor dem Uppsalaer Bahnhof, direkt vor dem Ausgang, ist sehenswert: "Tanz der Jugend" oder so. Einzelheiten dieser Skulptur aus Diskretionsgründen lieber auf englisch:

Hope you won't mind looking at the penis, *pí–nis*, of that man playing the fiddle (or violin). It's pretty thick, isn't it, and almost erect. Now, ˙originally˙, ursprünglich, in the clay model, Tonmodell, that organ was even thicker and as upright as can be: man konnte seinen Hut daran aufhängen. Bror Hjorth, the sculptor of this monument, one of Sweden's best-known artists and a very good friend of mine – you may have seen some of his sculptures on Swedish stamps – Bror Hjorth showed me that part of the model with great pride, Stolz. He was in hospital then, an old and sick man. Again and again he reverted (came back) to that detail, *di–teil*, and with even greater pride he disclosed to me, verriet mir, whispering, flüsternd, that the two or three enormous sunflowers you see growing out of the monument were actually penises ·as well·, *auch* – a "sign of life and strength", he whispered.

"Bror", sagte ich, "*bru–r*", wiederholte ich, "jetzt, wo wir alte Männer sind, sollten wir uns vor der erotischen Inflation des Alters hüten" – we should ·fight shy of· what is called "third spring" or "Indian summer". Und versuchte ihm klarzumachen, daß Michelangelos, Rodins oder Lehmbrucks Eros überall zu finden ist, selbst im kleinen Zeh ihrer Skulpturen, even in the little toe, nur nicht im – – na ja. "You don't see that blasted thing", I said, "but you *feel* it. I warn you, *bru–r*, of Old Man's Orgy."

Seitdem waren wir keine Freunde mehr, Bror was ·cross· with me, und der Stadtrat von Uppsala senkte das betreffende Organ um 60 Grad, by sixty degrees, so you can't hang up your hat on it any more.

"Ist immer noch ganz schön groß, W."

Doosie, I am an old man. Do warn me should I ever make the same mistake on these pages: you're seductive, D, verführerisch. Do warn me. That's actually why I told you the whole story.

Im übrigen könnten wir gut von hier zu Fuß zum Bror-Hjorth-Museum gehen, das die Stadt nach seinem Tod eingerichtet hat. Es ist durchaus sehenswert. Bror hat wunderschöne Sachen gemacht, darunter vor allem seine rustikal bunt bemalten Flachreliefs aus Holz. One of them showing Albert Schweitzer healing a black baby, an admirable, *ädm(e)-*, bewundernswert, work of art, hangs in the hospital where Bror died. In fact, ·when all is said and done· (etwa: alles in allem), Bror was a great artist. In addition, he was a very good man, and an ardent, glühend, antifascist. Being myself a Hitler refugee, he helped me survive, überleben, whenever I was in need. He was the only Swedish friend I ever had.

Unser Weg zu Brors Museum führt mit kleineren Umwegen, minor detours, fast an allem vorbei, was es in dieser hübschen kleinen Universitätsstadt zu sehen gibt. Laß uns über das Flüßchen bergauf gehen, zu dem mächtigen, rot getünchten Wasa-Schloß aus dem 16. Jahrhundert. It was there that Christina, Queen of Sweden, abdicated (gave up her throne), to convert to Roman Catholicism – she, ·of all people· (ausgerechnet sie!), the daughter of a king who during the Thirty Years' War had destroyed half of Europe for the sake of Protestantism. Wenn das kein "Generationskonflikt" ist, dann – well, anyway, some people say she did so because of a love affair, and others say that this full-blooded, vital-*vaitl* woman found Sweden dry and ·dull·, *dall*, langweilig, and for that reason went to Rome.

Christinas Zivilcourage ist typisch. Die Frauen sind, ·in my experience·, der bessere Teil der schwedischen Bevölkerung (übrigens nicht nur in Schweden): they have ˈgutsˈ (courage and vitality), während die Männer dieses Landes ehrlich gesagt etwas waschlappig sind, gleichsam unterbelichtet, underexposed. Sorry, Doosie, I am wildly generalizing –

"Macht nichts, W, as long as you don't ˈrun downˈ us women!"

Rechts von Dir jetzt die schöne Universitätsbibliothek mit der berühmten gotischen "Silberbibel" aus dem Jahr 500 oder so, gestohlen – stolen by the Swedes from Prague during the Thirty Years' War. Noch weiter rechts der an sich gotische, aber im 19. Jahrhundert grausam restaurierte Dom, "biggest in Scandinavia". Outside, I feel, it's pretty ˈdullˈ, but inside it's quite impressive.

In this cathedral there is the tomb, *tu–m*, Grab, of Uppsala's famous son, Carl von Linné. As you know he was probably the greatest botanist of all times, with his epoch-making classification of plants. Nur eines verstehe ich bei diesem Mann nicht recht: Während er jede Pflanze und jedes Tier für sich klassifizierte, Tausende und Abertausende von Arten streng voneinander getrennt, da er jede als einzigartige Schöpfung Gottes ansah, as a ˈuniqueˈ, *juni–k*, creation – while he did all this assiduously, *(e)ssi–*, emsig und fleißig, he ˈfailed toˈ (did not) see the gradual adaptation, assimilation and transformation of these plants and animals called *Evolution*. The greatest botanist of all times: a man who ˈcouldn't see the wood for the treesˈ, der den Wald vor lauter Bäumen ... Ein echter Schwede: systematisch, zutiefst naturverbunden, klug beobachtend, und vollkommen phantasielos: ·dull·, *dall.*

"Doubleyou, jetzt hab ich aber genug von der Schimpferei, I've had enough of it!"

Forty years in Sweden, Doosie! Die Schweden sind in Ordnung, ich hab nur 'ne Stinkwut.

So, in Uppsalas reizendem Studentencafé Ofvandahl habe ich mich wieder beruhigt, I have calmed down, und kann ganz besonders lieb zu Dir sein, mit postwendenden Antworten:

Bitte auf englisch: "langweilig" (Schweden) . . . . . . dull; "ursprünglich", "anfangs" (Bror Hjorths Tonmodell hatte anfangs –) . . . . . . originally, *(e)rídj-* ; "ausgerechnet *sie*" (Königin Christina) . . . . . . she, of all people; versuch's bitte auch mal mit "ausgerechnet *hier*" . . . . . . here, of all places. (If you got that one right, you're a genius, *djí–nj(e)s.*) Weiter: "einzigartig", "einzig dastehend" (Linnés einzelne Arten), kommt übrigens oft in der Computersprache vor: . . . . . . unique. Und schließlich aus der Fotosprache: "unterbelichtet" (die Schweden, besonders die Männer) . . . . . .

"underexposed, Doubleyou, but stop running down the Swedes, and let's go to another country, *quick*!"

Der Dalarna-
Bauernschrank
— for you

Lake Siljan
and our "stuga"

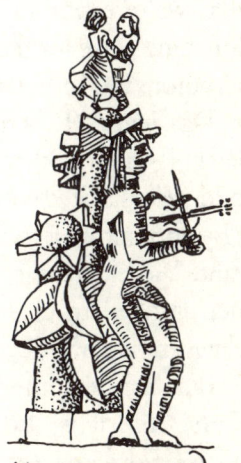

You're supposed
to discover three
of them...

LONDON

The One-Man Demo

Schmeckt Ihnen die "smoked trout", gnä' Frau?
"*dilisch(e)s!*"
Sie können von dieser geräucherten Forelle so viele haben, wie Sie wollen, grammatisch kostet eine soviel wie zehn: one trout, ten trout, not "trout*s*". Und was das Finanzielle betrifft: We can –
"·We can afford it·"
Speaking of affording, darf ich Dich darauf aufmerksam machen – may I draw your attention to the fact that we're eating in what is London's most popular lunching place for the ·upper ten· (meaning the "upper ten thousand"): Fortnum & Mason, 181 Piccadilly.

Das feinste Lebensmittelgeschäft der Welt, ·dating back· (going back) to Queen Anne, for two hundred-odd years situated between Piccadilly and Jermyn Street. "By appointment to her Majesty the Queen", Hoflieferant. Vielleicht sitzt die Queen hier irgendwo, eating her smoked trout – well, yes, Doosie, I know I'm exaggerating, ich übertreibe. Aber Tatsache ist, daß die Verkäufer hier "morning coats" tragen, zu deutsch: Cuts. And it is also a fact that in the 1850s Queen Victoria ordered 250 pounds of concentrated beef tea,

Kraftbrühe, to be sent from Fortnum & Mason to the Crimea, to Florence Nightingale, zu jener wunderbaren Frau, die während des Krimkrieges selbstlos zahllose Verwundete und Kranke betreute.

Kauf Dir ruhig etwas da unten im Geschäft, es ist gar nicht so teuer – nur traut sich eben das gemeine Volk, ˙the common people˙, erst gar nicht hier hinein. Besonders empfehlenswert: Honig, honey, und Orangenmarmelade – just say: "marmalade". Schon Fortnum & Masons Verpackung, die Krüge und Gläser, the jars, *dja-z*, sind ein beliebtes Souvenir.

Wenn wir jetzt hinausgehen, können wir Piccadilly in zwei Richtungen entlangspazieren. The one direction is to go to popular Hyde Park Corner and, passing it, to lovely Hyde Park where we could have a little siesta. Danach könnten wir im Hyde Park am berühmten "Speakers' Corner" irgendeinen Spinner anhören, a ˙crackpot˙, oder einen Weltverbesserer, a ˙do-gooder˙, der auf seiner "Seifenkiste", soap box, eine große Rede schwingt.

The other direction would be walking down to Piccadilly Circus, to our "Eros" – remember, Doosie, vor vielen Jahren? – and from our Eros to Trafalgar Square, with the marvellous National Gallery, and then down to London's heart, Westminster Abbey and the Houses of Parliament. Frankly, Doosie, I am a little ˙biased˙, *bai(e)st* – ich bin ein bißchen parteiisch, ˙biased˙, bei meiner Schilderung der beiden Richtungen, die wir einschlagen können. You may have noticed that I want you to choose the "Eros" one. Shall we toss heads or tails, Kopf oder Zahl?

"Our Eros, Doubleyou."

I love you, Doosie.

Stell Dich jetzt mal hier am Trafalgar Square in die Säulenvorhalle der National Gallery, in the portico. Isn't it a superb view, right down to the Houses of Parliament! And good old Nelson in front of you: look how he ·managed to·, wie es ihm gelang – how he managed to work his way right up to the top of that enormous column, weil er doch die Schlacht bei Trafalgar gewann.

Nichts hindert uns, hier am Trafalgar Square in die National Gallery hineinzugehen, Geliebte, obwohl Du dann wieder einmal ein bißchen Kunstschwatz über Dich ergehen lassen mußt. Über sich ergehen lassen, sich gefallen lassen: to ·put up with·. ("This is the sort of English up with which I will not put" – Churchill, marginal comment on a state document, in deliberately-absichtlich bad English.)

Laß uns hineingehen, die National Gallery ist es wirklich wert. Beim riesigen Louvre hab ich Dir fünf Stehenbleiben-Vorschläge gemacht, but I can't do so now: I'm ·biased·, I *love* this place.

Remember Leonardo's divine-*divaïn*-göttlich "Virgin of the Rocks" we saw in the Louvre, die Madonna in der Felsengrotte? Hier ist sie wieder, ebenso göttlich, wenn auch vermutlich nicht allein von Leonardos Hand. And do you remember those "God-made" plants in the lower left corner we saw in Paris? Hier sind sie, wenn möglich, *noch* "gottgeschaffener", diese Blüten.

Und dann Michelangelo. Er hat ja sehr wenig gemalt, apart from the Sistine Chapel. Do look at his "Madonna and Children with Angels". Do you feel the "eros" of these forms?

"I do, Herr Professor."

If you care for Rembrandt as much as I do, there is a lovely portrait of Hendrickje Stoffels, his second wife, painted when he was about fifty-five. As you may know, Rembrandt's paintings are the greater the older he was.

Velazquez' berühmte "Rokeby Venus" müssen wir uns auch ansehen, sie gilt als eine der schönsten Aktmalereien der Welt. Obwohl ihr Kopf in dem Spiegel, den der Amor der schönen Nackten vorhält, meiner Meinung nach, in my opinion oder 'to my mind', viel zu groß geraten ist. In 1914, this nude was attacked by militant British 'suffragettes', *safr(e)djétts*, the feminists of those days – just as STERN's cover girls were attacked in our days. There is a difference though, artistically. Bitte das nachgestellte "though" beachten, es entspricht in etwa dem vorangestellten "although", obwohl, wobei allerdings –

"Du liebs michnich."

Was ist denn los?

"Deine trockenen grammatischen thoughs und althoughs vor diesen schönen Bildern."

Hier, Doosie, die Engländer. You simply *must* see two British painters, both active in the early 1800s: John Constable, for instance his "Hay Wain", Heuwagen – fresh as if it were painted this morning – and great Turner, the forerunner of the Impressionists. Let's look at his wonderfully "atmospheric" canvas "Rain, Steam, and Speed".

Hast Du genug? Also raus! One shouldn't see more than one can ˙digest˙, "verdauen", aufnehmen: *di-* oder *dai-djést.*

Wir könnten jetzt hier vom Trafalgar Square durch den Admiralty Arch die stattliche "Mall", *mäll,* hinunterschlendern, bis zum Buckingham Palace, und dort die Queen besuchen, as once did that strange Londoner who ˙managed to˙ get into her bedroom at night. Aber ich bin von dieser Route nicht sehr begeistert. As a building, Buckingham Palace is pretty dull, *dall* (das Wort kennst Du zur Genüge, poor you), wenn dort auch, wie Prinz Andrews Sarah kürzlich verriet, die Toiletten durch Ziehen nach *oben* betätigt werden. In fact, the Queen herself prefers Windsor Castle – Doosie, es ist an der Zeit, daß Du endlich "prefer" lernst, *prifö̈-(r),* vorziehen, lieber tun –

"Kann ich ja schon lange, Doubleyou, reg Dich nicht auf!"

– Doosie, "reg Dich nicht auf", in English, please.

"Don't get excited."

Gut. Und mindestens ebenso gut: "Don't get upset" oder "Don't get worked up". Auf jeden Fall finde ich, daß wir die Mall links liegenlassen. Let's walk from here along Whitehall, the Government street, down to Westminster Abbey; it's no more than half an English mile. The centre of London is very small, compared with the enormous "mushroom", Pilz, of London with all its suburbs.

Hast Du was gemerkt? Have you noticed – ich hab's Dir schon einmal vor Jahren erzählt, aber jetzt siehst Du's leibhaftig vor Dir: have you noticed that people meeting us here in the street "go out of their way" all the time, ausweichen, almost demonstratively? Das hat einen sehr einfachen Grund: Auf einer so dicht bevölkerten Insel wie England hatten die Menschen im Laufe der Jahrhunderte eigentlich nur eine Wahl: either to kill each other, or to live with each other. They preferred to live with each other, and the result is a singularly civilized country – *sivilaizd*, civilized, mein Lieblingswort.

Dieses demonstrative Ausweichen ist gleichsam eine Einmann-Demo, a one-man demo, *démou*. That reminds me of an institution possible only in Britain: the one-man queue, *kju*, die Einmann-Schlange, zum Beispiel an Bushaltestellen. Selbst wenn nur ein einziger Mensch an einer solchen Haltestelle wartet, würde er oder sie zu einem sich vordrängelnden Neuankömmling sagen: "This is a queue." And the newcomer will have to behave accordingly, hat sich entsprechend zu benehmen: *civilized*.

Look to your right, Doosie, Downing Street. You

may, perhaps, see No. 10 from here. It's a house like all the others. Übrigens: weißt Du, was Du eben gemacht hast?

"Nichts hab ich gemacht."

Yes, you did. Du bist ausgewichen. You went out of your way, automatically, and almost ... demonstratively. Civilization is highly ˙contagious˙, *k(e)nteidj(e)s*, ansteckend. Which gives us some hope for the future.

Westminster Abbey. Ein bißchen enttäuscht, Doosie, a little disappointed? Sehr groß und imposant ist die Abbey ja gerade nicht. Die viel später gebaute St. Paul's Cathedral, halb Peterskirche in Rom und halb Washingtons Kapitol, die ist gewiß viel größer, aber wie tot, wie kalt! The Abbey may be small, but how great is its history! William the Conqueror was crowned here in 1066, and since then there has been an unbroken chain, Kette, of coronations until that of Elizabeth II, with Churchill as her paladin. Continuity! (*kontinjú-*, Beständigkeit, Kontinuität – auch ein Lieblingswort von mir.) And look at the Abbey's "Chapter House", where Parliament met in the fourteenth century: here is the cradle, die Wiege, of our western democracies.

Es war mit derlei hochfliegenden Gefühlen, daß ich vor etwa vierzig Jahren, als begeisterter Englischlerner auf der Suche nach einer neuen Heimat die Abbey betrat. In front of the altar, in the light of the beautiful old stained glass windows, there was a study group of distinguished-looking elderly Englishmen listening to their guide, a tall white-haired man with an aristocratic face, probably a professor, explaining the Abbey's history in the purest "Queen's English" I had ever heard. Diskret stahl ich mich in die Nähe der Gruppe, hörte zu und dachte: These faces! This language! "This blessed plot, this earth, this realm, this England" (Shakespeare, Richard II).

In diesem Augenblick trat der distinguierte Herr mit den weißen Haaren und den feinen, englischen Zügen auf mich zu, machte eine abweisende Handbewegung und sagte, in the purest Queen's English I've ever heard:

"This is a private group."

Doosie, lerne bitte das sehr englische Wort ·anticlimax·, *äntiklaïmäks*. Schwer zu übersetzen, etwa: kalte Dusche.

Hast Du's behalten? Ja? Wirklich? Then let's forget this little episode, and go on loving England.

P.S.

Nun, wie gefällt Ihnen dieser Blick auf den Russell Square, Gnädigste? Es war vielleicht eine Kateridee von mir, a crazy idea (I have no better translation of this nice German word) – eine Kateridee vielleicht, in diesen alten Viktorianischen Kasten zu ziehen, built in the pompous and ostentatious-protzig style beloved by the late Victorians; but I'm so happy you've ˙put up with˙ that caprice of mine, *k(e)prí–s*. Denn ich liebe nun einmal diese alten, meschuggenen Viktorianischen Hotels, und vor allem diese Gegend: Bloomsbury, *blú–mz–b(e)ri*.

Have you ever heard of the "Bloomsbury Group"? It was a highly progressive, leftist liberal and pacifist circle of intellectuals living in this area in the 1920s. Virginia Woolf, the novelist, was at the group's centre, with writers like Lytton Strachey, Victoria Sackville-West and E. M. Forster. John Maynard Keynes, *keinz*, the great economist, also belonged to the group. Wie interessant muß Bloomsbury damals gewesen sein, als intellektuelles, literarisches und künstlerisches Zentrum. Noch heute wimmelt es in diesem ruhigen und altmodischen Viertel von Verlagen, publishers, ganz abgesehen von, quite apart from the University of London and the British Museum almost next door. Doosie, poor Doosie, we must go to the British Museum this morning...

Aber die Betten in diesem alten Kasten waren doch ganz ordentlich? Who knows, perhaps the Huxleys or Priestleys or Russells have once slept in them? Wenn bloß diese zwei Waschbecken-Hähne nicht wären – you burn yourself under one ˙tap˙ (Amer.: faucet), and you freeze to death under the other. Aber so ist es nun einmal in den meisten englischen Hotels. England ist eben ein altes Land und leidet immer noch unter dem Erbe der industriellen Revolution, deren Pionier es einst war. Wieviel "Altmodisches" gibt es hier, das früher einmal epochemachend war!

Are you ready? Can we go down to the breakfast room?

"Don't you see that I'm waiting for *you* all the time, W?"

Now, over your coffee and my tea – what a tragedy: ein Kaffeehausliterat mit Magenverstimmung, ˙indigestion˙: ich vertrage heute keinen Kaffee, it doesn't ˙agree with me˙ today –– nein, Du trinkst *auch* Tee? Aus Mitgefühl?

"Aus Liebe, Doubleyou, aus purer Liebe!"

Man weiß nie, ob Du ironisch bist, darling. Anyway (nochmals: Dieses "anyway" ist immer als Verlegenheits- oder Übergangswort gut zur Hand) – anyway, now that we're having our breakfast in this sweet old *Kasten* (joint? Victorian pile?), the great question presents itself: Abhören oder nur überdenken?

"Überdenken, sweet Doubleyou."

Na schön. Also los: "Nightingale" bedeutet "Nachtigall". Wer aber war Florence Nightingale? Man muß das eigentlich wissen. I mentioned her in connection with 250 pounds of concentrated beef tea, Kraftbrühe, for her wounded, *wú-ndid*, soldiers in the Crimea, *kraimí(e)*. . . . . . . Ja, sie war eine Wegbereiterin moderner Krankenhauspflege, hospital nursing, eine unermüdliche Kämpferin gegen die unmenschliche Behandlung Verwundeter und Kranker während der Schrecken des Krimkrieges (1853–56).

Zweitens: "Das lasse ich mir nicht gefallen", in English, please. Bitte möglichst – es ist freiwillig, it's 'optional' – möglichst bitte erst mal Fingerchen über die Antwort halten: . . . . . . "I won't put up with it."

Drittens: Du behauptetest, "vorziehen", "lieber haben" bereits zu können. Bitte beweise das: . . . . . . prefer, *prifö̈-(r)*. Dazu bitte noch "parteiisch", "voreingenommen", wie ich es für unseren Weg zum "Eros" war – ein Wort, mit dem Du Staat machen kannst: . . . . . . biased, *baï(e)st*.

Viertens: Wie heißen die Frauen, die in England um die Jahrhundertwende für das Frauenwahlrecht (women's suffrage, *sáffridj*) kämpften? They even attacked Velazquez' nude Venus. . . . . . . suffragettes, *saffr(e)djétts*.

Und schließlich: Bitte um ein herrliches englisches Wort, von dem lieben Kleinen Muret-Sanders fleißig und lobenswert mit "enttäuschendes Abfallen, Abstieg" umschrieben, von mir provisorisch "kalte Dusche" genannt. It happened to me in Westminster Abbey, remember? ...... anticlimax.

Darf ich Dir zum Schluß, während Du Dein Frühstück beendest, noch von einem anderen "enttäuschenden Abfallen, Abstieg", anticlimax, erzählen? It happened to me right here, in Bloomsbury.

Ich kämpfte mal wieder um meine Existenz im Exil und hatte zu diesem Zweck eine neue Art von Kunstbuch erfunden, eine ziemlich desperate Angelegenheit. What I needed now was an art publisher, Kunstbuchverleger, and so, one day, I went to Thames & Hudson, the famous international art publishers.

On my way to see them at 30–34 Bloomsbury Street, I was trembling, zitterte, with excitement. Würde mich der alte, ehrwürdige Mr. Thames gar persönlich empfangen, oder Mr. Hudson, wenn er noch lebte? Und wie sollte ich sie anreden? Mr. Hudson konnte ich schon aussprechen, *háddsn*, aber wie den ehrwürdigen Mr. Thames, wenn er mich empfangen sollte? *theimz? teimès? ta–mz?*

I was received by the Director General. His name was Walter N., den ich auf der Stelle als deutschen Emigranten aus dem Romanischen Café, Berlin, wiedererkannte. Im Laufe unseres Gesprächs erkundigte ich mich nach dem Wohlergehen von Mr. Thames, der ja wohl der Seniorchef sei, und Mr. Hudson.

"Mr Thames?", Herr N. wondered. "There is no Mr Thames", he said.

Ich sah ihn fragend an.

"Na, was denn", sagte Herr N., "die Firma hab ich selber vor ein paar Jahren gegründet: *Thames*, verstehn Se nich?" Er fing ungeduldig zu mauscheln an, in some sort of Yiddish, als sei ich ein Halbidiot: "The Thames, rriver in London, and the Hudson, rriver in New York."

That's an ·anticlimax·, Doosie. Daß er mein Kunstbuch nicht nahm, the fact that he ·turned down· the book, was no anticlimax but just one of my usual flops. Und "Thames" wird *temz* ausgesprochen, Geliebte. Ich verrate Dir das, weil's kein Londoner sagt. They simply say: the River.

"Ich glaube, der Ober will den Frühstückstisch abräumen, Doubleyou."

Right you are, we'd better – ·we had better·, wir sollten lieber – we'd better leave. Aber merke Dir bitte das Wort "indigestion", *indidjéstschn* – my tea, remember? Jede(r) zweite Engländer(in) wird Dir sagen, er oder sie leide unter "indigestion", und wenn Du Dich mit echtem oder vorgegebenem Interesse (·sympathy·) etwas näher nach diesem Leiden erkundigst, dann wird er oder sie den Mund schmerzlich verziehen und eine beschreibende Handbewegung machen, in Richtung Magen, stomach, or in the direction of the heart, or the liver, or the lungs, or his or her left or right shoulder, or the eyes, or the nose –

"Doubleyou! Der Ober!"

STILL IN LONDON

Getting Melodramatic Over a Policeman

Laß mich einen Vorschlag zur Güte machen, a truly (really) English compromise: Wir sehen uns hier in dem ganzen, riesigen British Museum nur die Elgin Marbles an, *éllgin*, die "Elgin-Marmore", the fabulous sculptures and reliefs which the 7th Earl of Elgin "collected" or rather stole from the Acropolis in Athens, in about 1800. Weshalb man ihn mancherorts als Wandalen betrachtet und die griechische Regierung (Melina Mercouri, Filmstar und Kultusministerin) die Skulpturen zurückfordert. On the other hand, it is ˙argued˙ (hier: wird geltend gemacht) that the Turks-Türken would have destroyed these sculptures during the Greek-Turkish fighting in the 1800s had not Elgin brought them to England.

Wie auch immer – *anyway*, there was another scandal some forty or fifty years ago when the Elgin Marbles were restored, restauriert. The restoration, it was ˙argued˙, was so incompetently done that prominent museum officials got the sack (were fired-gefeuert). Einer von ihnen, ein Oxford-Akademiker (Balliol College), Katholik and Homo (feiner geht's nicht in England), wurde daraufhin nach Stockholm abgeschoben, an die dortige Britische Botschaft (immer noch einigermaßen fein), where he became my boss. Being a museum man, he was a complete ˙ignoramus˙ (know-nothing) in political matters. As a consequence, I had to do all his work, which, being a *fleißig* German – an "Arbeitstier" or ˙workaholic˙ – I liked tremendously (enormously).

So. Jetzt immer geradeaus durchs British Museum, straight ahead, die Augen verbunden vor den unendlichen Schätzen um uns herum (Schätze: treasures, *trĕ-(sch)ez*), und jetzt links, hinein in die Elgin Rooms.

Here we are. The treasures of the Acropolis, the cradle, Wiege, of our civilization. Jetzt bin ich still.

Du solltest mir dankbar für all die viele schwere Arbeit sein, die ich Dir in diesem Museum erspart habe: the famous Portland Vase, *va–z*, for instance, a Roman masterpiece of glass, white and blue, cameo-like, wie eine Kamee. Und dann der Stein von Rosette, the Rosetta Stone, ein um 1800 in Ägypten gefundenes Denkmal: dank – ˙thanks to˙! – dank seiner drei übereinstimmenden Inschriften, davon eine in Hieroglyphen und eine in griechisch, gelang es zum erstenmal, die Hieroglyphenschrift zu entziffern – to "break the code", tu use a modern ˙term˙.

Und dann – wußtest Du überhaupt, daß das British Museum "auch" eine der größten Bibliotheken der Welt ist, a library, *laī-*, with nearly six million books, including ˙ˍnique˙ manuscripts? The Wyclif Bible, for instance, *wiklif*, the first Bible written in English in about 1380; a copy of the Magna Carta; und weiter ... Shakespeares Unterschrift auf einer Wäscheliste oder Pfandverschreibung – ich weiß nicht mehr genau, I forget, ich *habe* das vergessen: ·I forget·. Mehr Handgeschriebenes besitzen wir ja vermutlich nicht von Shakespeare.

"Warum hast Du mir nicht all diese schönen Sachen gezeigt, Doubleyou? Und auch die sechs Millionen Bücher bitte! Jedes einzelne, *please*!"

Another time, Doosie. I suggest we take a doubledecker, one of London's charming red buses, and ride to Hyde Park to *relax*, ausspannen.

"Du möchtest immer *relax*, W, auf einer Bank sitzen oder in einem Kaffeehaus, und ich möchte spazierengehen, walk, Doubleyou, "walken", *wallk(e)n*. Früher, als Du noch verliebt warst, da bist Du immer mit mir gewalkt, in Ascona bis hinauf nach Ronco, in Portofino bis zum Leuchtturm, in Paris zum Rive gauche –

Doosie dear, La mujer ... La mucнer ...

"La mujer mata al hombre."

Und wie hieß noch der gute Mann, darling?

"Don Ignacio, Conde ––"

– Roca de Tigores. Aber im Ernst, talking seriously, chérie, let's do as you wish: Laß uns "walken", Doosielein. Let's walk across Hyde Park to Kensington Gardens as far as the Albert Memorial. Hope you won't regret it.

"Warum sollte ich's bedauern?"

Because the Albert Memorial, built by Queen Victoria in memory of her beloved husband, Prince Albert of Saxe-Coburg-Gotha, who died in 1861 – because this monument is the quintessence of Victorian kitsch, and famous for it. (Du kannst gut "kitsch" auf englisch sagen, wenn's vielleicht auch nicht jeder versteht, it's "U", upper-class English; "schmaltz" geht auch.) Although, to be fair, the Memorial is a piece of excellent craftsmanship, Kunsthandwerk.

Nun sieh Dir mal diese gigantische Marzipantorte an! Mein guter alter "Penguin Guide to London" sagt folgendes über das Albert Memorial (die Klammern, brackets, sind von mir):

> Under an ornate and lofty Gothic canopy (Baldachin), 175 ft high (divide feet by 3 to get your metres, approximately), is a seated gilt-bronze figure of the prince ... holding the catalogue of the Great Exhibition of 1851 (erste Weltausstellung). Around the pedestal are fine marble reliefs (*rili–fs*!) of artists and men of letters of every period, 178 in all, by ... (so-and-so). At the angles (Ecken) of the pedestal are groups representing Agriculture, Manufactures, Commerce, and Engineering, and at the outer corners of the steps are further groups symbolizing the continents of Europe, Asia, Africa, and America. (Where is Australia? Clearly, the thing has only four corners.)

Welch blauäugiger ('starry-eyed') Glaube an Fortschritt, Technik, Industrie und an das von vier Kontinenten bewachte britische Imperium!

Vorbei, vorbei. The British Empire is no more, and London, once the capital of the world, bears the burden, trägt die Last, of a glorious past: Übergroße Investitionen der Vergangenheit, ein maßlos angeschwollener Beamtenapparat, Millionen von britischen Staatsangehörigen, British 'subjects', the children of the former (earlier) Empire, coming from all over the world – West Indians, Pakistanis, Nigerians and so on, who all have a *right* to enter Great Britain. Du siehst sie ja überall in den Straßen. It adds to London's charm, but at the same time it's a serious problem.

Und dennoch, mit welcher Grazie, grace, hat diese Riesenstadt den Zusammenbruch des Weltreichs überlebt! Rome did not, nor did Athens. Ob das daran liegen mag, daß Londoner, wie Engländer überhaupt, das Leben nicht so tragisch nehmen? 'If the worst comes to the worst', schlimmstenfalls, there's always a cup of tea ... .

Speaking of a cup of tea: Dort gegenüber ist ein Stand, da kriegen wir sicher Tee und eine typisch englische Köstlichkeit, nämlich 'fish and chips', Bratfisch mit "Pommes". It's getting rare nowadays in London streets. I love it.

Na? Knusprig, crisp and crackling, isn't it? Very 'plain' food (your "simple" food) and much loved by Londoners, particularly Cockneys. Some years ago, the thing tasted even better because it was wrapped up in newsprint, in Zeitungspapier eingewickelt, which gave it a special flavour, *flei-*, Aroma. Alas, *(e)läss*, Gott sei's geklagt – alas, those days are gone. Anyway, ich bin dafür, wir setzen uns hier ins Gras, and *relax*.

"Immer willst Du riläxen, Doubleyou –"

Don't ˙nag˙, *please*, meckere nicht! Sieh Dir lieber diesen dreihundertjährigen Rasen an, that lawn, setz Dich drauf und schweige in Ehrfurcht! What a town!

Da fällt mir Dr. Hottenrott ein, mein Englischlehrer im Prinz-Heinrich-Gymnasium in Berlin. Wir hatten einen Text schriftlich zu übersetzen, der mit dem Satz begann: "London ist Europas größte Stadt." I wrote "London is Europe's greatest city", which, as Dr Hottenrott said, was just the ˙howler˙ he had expected – der grobe Schnitzer, *hauˈl(e)*, den er erwartet hatte. London, he said, was Europe's "largest" or "biggest" city, not the "greatest". Ich war zerknirscht, und Dr. Hottenrott strahlte vor Lehrerfreude.

Fünfzig Jahre später machte ich eine Entdeckung, a discovery: Dr Hottenrott was wrong.

(Für Anfänger, die noch nicht so weit gekommen sind wie Du: "big" und "large": groß; "great" hingegen: großartig.)

What a great city! A city whose (doch, Doosie, "whose" ist richtig) – a city whose most famous sight is a policeman, London's "bobby". Unarmed, unbewaffnet, friendly or sometimes even unfriendly – *just like everybody else*: that's the secret of him. In his ˙plain˙

uniform he is almost a civilian, and always *civilized*. Da ist wieder mein Lieblingswort, Doosie, sorry to keep ·harping on· it (darauf herumreiten).

The greatest city in Europe. Die Stadt, die wirklich eine "Polis" im Sinne der alten Griechen ist. Polis, "town", is a word from which both "police", *p(e)li̅–s*, Polizei, und "politics" are derived. London's bobby!

Sorry for getting melodramatic, Doosie, but it's your fault: Deine Gegenwart ist so ermutigend, it's so ·encouraging·, *inká-*, danke Dir. Im übrigen sollten wir jetzt vielleicht noch einmal zur Abbey gehen – to Westminster Abbey, that is – und von da aus über die Themse, am besten wohl über die Westminster Bridge. The view from there! The clock tower with Big Ben and the Houses of Parliament in all their splendour – really, for being built in the 1850s, and in neo-Gothic style ·at that·, noch obendrein, they aren't bad at all, *ätó–l*. Und dann in der Dämmerung der Blick von der Brücke auf den Fluß: unforgettable, like Turner's airy and transparent ·water colours· of the Thames, seine herrlichen Aquarelle.

Wissen Sie übrigens, Gnädigste, daß in der Themse wieder muntere Fischlein schwimmen? After the "smog" catastrophes in 1952 and 1962, a radical campaign was started, systematically clearing district by district of the town of all smoke. Today, the smog has gone for ever, and London is one of the cleanest cities in the world.

Wußtest Du das? Gewiß, ·true·, Englands Industrie

verpestet die Nordsee. Aber diese Bereinigung Londons war eine gigantische Umweltaktion, von der kaum eine deutsche Zeitung berichtet hat. Say what you will, Doosie: the British aren't *that* conservative.

"Ich hab ja gar nichts gesagt, Doubleyou."

Na ja, ich meine nur ...

P.S.

Doosie darling, heute wird ganz besonders locker "überdacht", weil wir so spät ins Bett gekommen sind. Just "consider" the words we've had, review them in your mind, laß sie im Geist an Dir vorbeiziehen – locker! relaxed! "Easy does it!" Wer zu hart lernt, der versteift sich leicht und behält überhaupt nichts.

Consider: ˙to harp on˙ something, auf etwas "harfen", herumreiten, immer wieder davon anfangen. ("civilized", the word I'm harping on ...) Und apropos "herumreiten", please consider "herumhacken" (auf jemandem), "meckern": to ˙nag˙ at someone (als ich mal wieder "riläxen" wollte, remember?)

Consider: "alas!", ach, leider Gottes; (alas, *(e)läss*, fish and chips are no longer wrapped up in newsprint.)

Consider: "If the worst comes to the worst", schlimmstenfalls; (if the worst ... etc., there is always a cup of tea to solve an Englishman's problems.)

Consider: "I forget" – bedeutet nicht nur "ich vergesse", sondern oft auch "ich *habe* vergessen", "ich kann mich nicht mehr daran erinnern". (Shakespeare's signature in the British Museum: was it on a laundry list, Wäscheliste, or on something else? ˙I forget˙.)

And remember: "plain" food (fish and chips), a "plain" uniform (the bobby's), oft besser als "simple".

Weiter: a "howler", *haú-*, ein "Heuler", ein grober Schnitzer (Dr. Hottenrott: "large" and "great"). Further: a "workaholic", *wök(e)hóllik*, ein "Arbeitsalkoholiker", also ein Arbeitstier (nämlich ˙yours truly˙, ich) – übrigens eine sprachliche Neuschöpfung im Englischen, sehr "in". Finally, Doosie, consider "encouraging", ermutigend, inspirierend – which you are, Geliebte.

War doch schön gestern abend an der Themse, bei der Abbey? Und unser Abenteuer am anderen, weniger "klassischen" Ufer, on the south bank: Unglaublich, daß es Dir gelang – that you ˙managed˙ to get tickets for the Yehudi Menuhin concert at the Royal Festival Hall, Mozart's violin concerto No. 3. Du kannst Dir dieses Konzert mit Menuhin übrigens anschaffen, ich sah die Platte heute morgen in einem Schaufenster hier in Bloomsbury. Gibt's sicher auch in Deutschland. Kauf's Dir doch bitte, as a souvenir of our holiday.

"Why all those details, W, and 'in Deutschland'? Why didn't you buy that record right away and give it to me?"

Technical difficulties, Doosie, purely technical, I would have loved to put that record on your bed this morning, as a little surprise. Believe me, it's not ˙stinginess˙, *stíndji-*, Knausrigkeit; ˙it's just one of those things˙. Bitte merken, Doosie: Wenn ein Engländer nicht recht weiß, was er über den unabänderlichen Lauf der Dinge in dieser Welt sagen soll, dann sagt er – na, was sagt er dann?

"It's just one of those things, dear."

Indeed. Als Kompensation für die Schallplatte – to ˙make up˙ for it – sollte ich Dir wenigstens einen anderen Gefallen tun, but frankly, I don't feel like going to the Tower as you suggested. I'm simply not ˙keen˙ on it, nicht scharf darauf. Null Bock. True, es stimmt schon, ˙true˙, the Tower, begun by William the Conqueror in 1070 or so, is historically very interesting and is also an impressive building. Aber erstens haben wir den Tower schon von weitem gesehen, sieht ja hübsch aus, und was zweitens das historisch Interessante an ihm betrifft, so ist er im Laufe seiner düsteren, gloomy, Geschichte weniger ein "Tower" gewesen, Turm oder Festung, als ein ganz gemeiner Kerker, a bloody place of torture and murder. In detail:

Beastly Richard III murdered the "Little Princes" here, Edward V and his brother, in 1483, by having the little children smothered, erstickt.

Fat Henry VIII, the one with the six wives, had two of them beheaded, geköpft, one in the Tower: gay, witty and frivolous Anne Boleyn, *búllin* (sorry).

In the Tower, the same fat Henry killed Thomas More (ausgesprochen wie "more"; auf deutsch: Thomas Morus), the great philosopher and statesman, author of "Utopia". Henry had him beheaded because Thomas More was loyal to the Pope who had declined, abgelehnt, Henry's divorce, Scheidung, from his first wife Catherine, to marry said-besagte Anne Boleyn-*búllin*. Übrigens war diese vom Papst verweigerte Scheidung der Grund dafür, daß sich England von der römisch-katholischen Kirche trennte ("History is bunk" – Henry Ford; ·bunk·: Quatsch).

And then great Elizabeth I, daughter of fat Henry VIII and Anne Boleyn: for political reasons she had her favourite (and lover?), the Earl of Essex, beheaded in the Tower in 1601, um hinterher untröstlich über seinen Tod zu weinen. Jaja, so ging das dann munter im Tower weiter. The beheading axe and the block are still to be seen.

"Was? Die Axt und der Hinrichtungsblock? Die will ich *unbedingt* sehen, Doubleyou, definitely!"

I wish you could enjoy your charm as much as I do, Quindici. Und natürlich möchtest Du auch die berühmten Kronjuwelen im Tower sehen, the Crown Jewels, *djú–(e)lz*, wouldn't you?

"*déffinitli!*"

Aber von denen ist kaum etwas Interessantes und wirklich Altes übriggeblieben. In the days of the Commonwealth (Oliver Cromwell), they were sold or melted down, eingeschmolzen, and what the hordes of tourists see today is the Koh-i-Noor diamond of 1850, the "Imperial Indian Crown" of 1910 or so, and pretty dull stuff like that.

"Na, wie Du willst, have it your own way."

In that case, sweet Doosie, I think I have a fairly good way: instead of seeing the Tower, let's go to a place I love almost as dearly as I love you.

The bobby
– an extremely
human being

ultra-modern
wash-basins ...

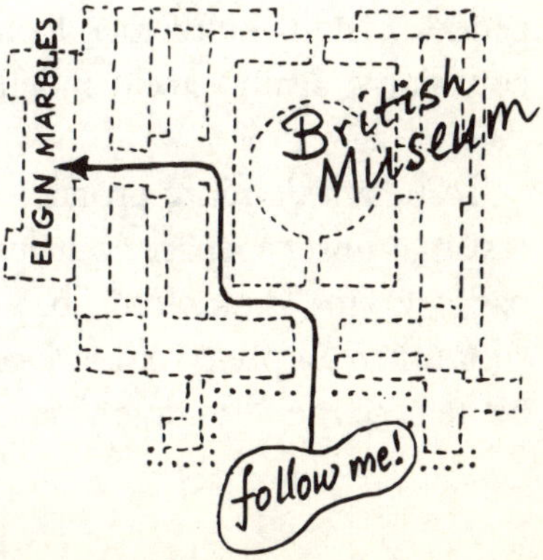
ELGIN MARBLES
British
Museum
follow me!

OXFORD

"I Might Find a Seat for You"

We are on Boar's Hill, "Eberhügel". It has been raining a little, then the wind was blowing, and now the sun is breaking through for a moment – und da leuchtet sie plötzlich vor uns auf, dort unten, nur ein oder zwei Meilen entfernt, eingebettet zwischen sanften Hügeln, silbern und golden blitzt sie auf in der Sonne, in der Ferne, diese Fata Morgana aus Stein mit ihren unzähligen gotischen Türmen, Türmchen, Strebepfeilern, Kuppeln, unwirklich wie ein Traum. Schweigend sieht man hinunter. Jemand sagt leise:

"Oxford."

You can only say this in a low voice, solemnly, feierlich – indeed, if I may say so, in awe, mit Ehrfurcht. Das liegt wohl daran, daß einen hier ein überwältigendes Gefühl kultureller Kontinuität überkommt – continuity, again –, seit undenklichen Zeiten bis auf diesen Tag.

To be a little more prosaic: Am besten, wir stellen erst mal unser Gepäck, our luggage (amerikanischer: baggage) im "Randolph" ab. I have booked a double room there, a pretty old-fashioned one, but that can't be helped; the "Randolph" is Oxford's classical hotel.

Heute wie eh und je ist dieser alte Kasten sicher voller Eltern, die sich über ihre hier studierenden Kinder Sorgen machen. Who knows, our room may have seen the papas and/or mamas of twenty-two British Prime Ministers who studied at Oxford, let alone (not to mention) papa or mama worrying over their extravagant or lazy John (Galsworthy), Evelyn (Waugh), Lewis (Carroll – "Alice in Wonderland"), Aldous (Huxley – "Brave New World"), and sweet Dolly (Dorothy Sayers), all of them Oxford students.

Ich bin dafür, wir gehen dann erst einmal auf der berühmten "High" (High Street) spazieren, der Hauptstraße, an der sich ein mittelalterliches College an das andere reiht, und gehen dann hinunter bis zum Magdalen (*mó-dlin!*) College. It's my favourite among Oxford's thirty-five colleges. Many of them were monasteries, Klöster, during the Middle Ages: Die heutigen Talare der Oxford-Professoren und Studenten, their gowns, *gaunz*, sind tatsächlich, actually, frühere Mönchskutten, und bis vor etwa hundert Jahren lebten viele der hiesigen Lehrer im Zölibat wie Mönche, monks.

Mó-dlin College (sonst wird übrigens "Magdalen" ziemlich normal ausgesprochen: *mägdelin*) – well, Magdalen College is the building with that splendid tower right in front of you, ein typisch englischer Turm übrigens, ohne Spitze (spire): just a square tower, Gothic. James I, "the wisest fool in Christendom" (he was the son of Mary Queen of Scots – Maria Stuart), called this tower "the most absolute building in Oxford". Und wenn wir jetzt Magdalen betreten – den Zusatz "College" läßt man weg, wenn man Insider ist – well, if we now enter Magdalen, you see the "heart" of an Oxford College: the quadrangle or rather "quad", *kwodd*, auf deutsch "das Viereck". Aber, wie Du siehst, *was* für ein Viereck! Ein traumhaft schöner "Patio", umgeben von uralten Gebäuden, Gotik oder Renaissance, oder auch neueren, die sich organisch ins Gesamtbild einfügen – alles Unterkünfte für Lehrer und Studenten. Oft ziehen sich um diese "quads" herum auch mittelalterliche Kreuzgänge, cloisters, mit mönchischer Ruhe und Beschaulichkeit.

Magdalen has two or three quads, one more beautiful than the other, and behind its cloisters there is a lovely park with deer, Rehen, and a glorious English lawn going down to the River Cherwell, *tschá–v(e)l*. Aber bitte erspare mir das berühmte "punting" oder Kahn-Staken auf dem Fluß. It's just the right thing for students to fill their ˙leisure˙, Freizeit, Muße, wichtiges Wort, schwer auszusprechen, etwa *lé(sch)(e)*. Anyway, if you ˙feel like˙ punting, wenn Dir danach ist –

"I *do* feel like punting, Doubleyou!"

– dann mach's alleine, ˙include me out˙, ich setze mich inzwischen ins Gras, riläxe und stecke mir eine Zigarette an.

"Kaffeehausliterat! Wie würdest Du das übrigens auf englisch sagen?"

Gar nicht. Oder notfalls "continental intellectual".

Anyway, Doosie, at 6.15 p.m. I'll take you to Magdalen Chapel, zur College-Kirche (wörtl. "Kapelle"), for evensong, *i–vnson(g)*, eine Choral-Abendandacht mit einem wunderbaren Chor, choir, *kwai˘(e)*.

Das erste Mal hörte ich diesen Chor 1950, als ich in England Arbeit suchte – in Deutschland hatte ich ja vergebens danach gesucht. Nach einem anstrengenden Tag wollte ich ausspannen und betrat Magdalens Kirche. Es war 6.15 abends, evensong. Im schönen, gotischen Schiff saßen drei oder vier Personen außer dem Chor. (The choir would sing, as it has done for hundreds of years, even if the chapel were totally empty. Continuity!) Ich wandte mich an den Küster, the verger, *vö¯–dj(e)*, wollte mich als Fremder nicht einfach so hinsetzen.

"Well", the verger whispered, "I might find a seat for you, sir."

Und das in einer praktisch leeren Kirche. Lächerlich, ridiculous? I didn't think so. I thought of the war, of the German ·blitz· (air attack), of people hurrying into the churches for shelter, Schutz. Wenn ich einer von ihnen gewesen wäre, dann würde ich in einer überfüllten, vollgestopften Kirche – well, there would still have been the verger's whisper, even then:

"I might find a seat for you, sir."

These words, to me, are the quintessence of British oddity, tenacity, and friendliness – Verschrobenheit, Zähigkeit und, na, "friendliness" verstehst Du ja.

The baritone of that choir, *kwai˘(e)*, was divine; he

looked like an angel-*eïndj(e)l*-Engel painted by Fra Angelico. After evensong, nach der Andacht sah ich ihn draußen an meiner Bushaltestelle warten. Ich faßte mir ein Herz, I plucked up courage, und sprach den frommen Mann an. This is what I found out about him: he had a chicken farm at Abingdon and had ˙joined˙ the choir (sich angeschlossen), "to make a penny or two". He invited me most cordially to have a look at his chickens. He had several breeds, Rassen: Leghorns, Anconas, and Light Sussex. "You mai la-k mi la-t Sussix", he said with a heavy accent.

Verrücktes, geliebtes England!

Wir sollten eigentlich auch zum New College gehen, "New", weil es erst im Jahre 1379 gegründet worden ist. I should like to show you its chapel: among the memorials, Gedenktafeln, to members of the college killed in the First World War there is one I want you to read, Doosie:

> In memory of the men of this college who coming from a foreign land entered into the inheritance of this place ("das Erbe dieses Ortes antraten") and returning fought and died for their country in the war 1914–18.

Es folgen die Namen von drei Deutschen, die für Deutschland fielen, gegen England.

"Ich finde das großartig, Doubleyou. Darf ich etwas Prosaisches fragen?"

Sure, darling.

"Wo ist denn nun eigentlich die Universität hier?"

To be a little paradoxical, Doosie: there is no university in Oxford. Es gibt ein paar übergreifende Institutionen wie zum Beispiel die Universitätsbibliothek, die ehrwürdige Bodleian Library, *bodli-(e)n*, but university life and learning take place in the ˙individual˙ (your "different"; sorry, Doosie) – in the ˙individual˙ colleges. Multiply our Magdalen College by 35, and you have, ˙roughly speaking˙, in etwa, Oxford University. Aber ach, ein College zu definieren – there are so many ˙different˙ ones! – ist fast so schwer, wie zu sagen, was "Oxford University" eigentlich ist. In einer 1931 veröffentlichten offiziellen Denkschrift heißt es:

> There is no person or body in Oxford competent to declare what the functions of the University are.

Typically English! Keiner kann's richtig erklären. Who, for instance, would be "competent" to define the functions of the Crown or of the British Commonwealth? Aber soviel ist sicher: Oxford University, whatever that may be, never cultivated the *Gründlichkeit* of the old German universities, but believed and still believes in a playful and humane system of developing the student's character and personality. Laß mich das ganz deutlich sagen: Es hat an englischen Universitäten nie jene deutsche Gründlichkeit gegeben, die so überzogen und abstrakt war, daß sie schließlich, 1933, in ihr tierisch primitives Gegenteil umschlagen mußte.

"Gib's ihnen, Doubleyou! 'Give it to them' – kann man das sagen?"

Man kann, Doosie, it's perfect English, und ebenso: "Let them have it!" Dabei soll man aber nicht glauben, daß in Oxford nur gespielt wird. Es wird hart gearbeitet. Take (oft viel besser als das ewige "for instance") – take the Oxford University Press, die Universitätsdruckerei, eine der besten Druckereien der Welt – one of the finest. Just think of their admirable dictionaries and bibles in the most exotic languages – a wonder of precision. Während meiner Arbeitssuche im Exil durfte ich dort volontieren, und zwar als Korrektor, as a proof reader. Davon möchte ich Dir erzählen:

The proof readers' room, right under the roof of that old building, was –

Doosie, vergiß nicht, nach rechts zu sehen: Christ Church, Oxford's cathedral, with its famous Tom Tower. One of the most beautiful of the English cathedrals.

Well then, the Oxford University Press: the proof readers' room, der Korrektorensaal, was – maybe still is – divided into thirty-odd "cubicles" (small cells), one for each proof reader, like cells for monks, Mönche. Einer dieser Mönche in diesen kleinen Lesezellen war ich selber, reading day by day monographs and essays in the favourite type of the Press, in ihrer Lieblingsschriftart, auf deutsch "Mediäval" (mittelalterlich), in English: old style.

And as I was sitting there in my cubicle, monk-like,

concentrating upon my essays and monographs in "old style", *Mediäval,* a strange thing happened: Die Zeilen auf den matten, gelblichen Korrekturfahnen standen plötzlich still, die einzelnen Lettern mit ihren auf- und absteigenden Strichen wandelten sich in gotische Strebepfeiler, Zinnen und Türmchen, die Zeilen wurden zu Häuserzeilen, zu gotisch-mittelalterlichen Straßen. Ich hielt andächtig inne.

"Und jemand, Werner, sagte leise . . ."
Oxford.

P.S. AN ENGLISH VILLAGE

Getting a Lump in One's Throat

"Doubleyou dear, now that we're sitting so *gemütlich* in Randolph's bar, mach's mal wieder 'besonders locker', nur so 'consider', wie voriges Mal, *bütte!*"

Honeybubble dear, ich kann's nicht immer so locker machen, dann paßt Du mir beim Lesen nicht genug auf.

"I promise!"

I don't believe in your promises, Doosie; but I do believe in your *"gemütlich"*. Also schön:

1. Consider: "multiply *by* 35, not "with". (Magdalen, multiplied by 35 colleges is, ·roughly speaking·, Oxford University.) And divide *by* 3. (That was at the Albert Memorial in London, converting feet into metres.)

2. That baritone had ·joined· a choir, an association, a political party: sich anschließen, Mitglied werden.

3. Die Oxford University Press, sagte ich, sei "eine der besten Druckereien der Welt – one of the finest". Hast Du etwas gemerkt? Die Sache ist die: "fine" ist selten oder nie "fein" (vornehm) im deutschen Sinne, sondern *gut, schön,* und "finest" ist *beste, großartigste.* Churchill, als England im Kriege ganz allein stand: "their finest hour".

4. Consider: ·leisure· (for "punting" on the River Cherwell, for instance): Freizeit, Muße, manchmal auch Vergnügen. "Do that at your leisure": tu das bei Gelegenheit, wenn's gerade paßt. Aussprache wie gesagt schwer: *lé(sch)(e)*, das *(sch)* wie beim deutschen "Gelee".

5. That verger's attitude, it seemed to me, was the "quintessence" of Britishness. I think you mispronounced "quintessence": it's *kwintéssns*. And then I mentioned Oxford's "humane" education system. Ist Dir der Unterschied zwischen "humane" mit *e*, und "human" ohne *e* bewußt? "humane", *hjumeïn*, ist das deutsche "human", also menschlich im menschenfreundlichen Sinne; und das englische "human", ohne e, *hjú–m(e)n*, ist "menschlich" im rein biologischen Sinne: a human being.

Schluß. Was machen wir jetzt?

"Nothing, Doubleyou. Another Campari, perhaps. By the way, did you ever go to see that funny baritone with his chicken farm at A–, A–?"

Abingdon, dear. No, I didn't. But I was at a place near Abingdon years ago, in a village which I won't forget. English villages, Doosie, are the *kwintéssns* of this island. In Deutschland sind's die Städte, in England die Dörfer. You'll see some of them on our way to Cambridge tomorrow, driving through the park-like Englisch countryside. Ich freue mich schon richtig darauf. Habe einen Wagen für zwei Tage gemietet. Vergiß bitte nicht, links zu fahren, to keep left.

Well, well, that village near Abingdon, years ago. Let's really have another Campari, darling. The name of the village doesn't matter, I guess it could have been any English village – *any*, jedes beliebige englische Dorf. It was quite an ˙experience˙, noch mal: *ikspí-*, Erlebnis.

Als ich in der Oxford University Press arbeitete, war dort ein Korrektor-Kollege namens Robert Norton so lieb, mich am Weihnachtstag zu sich und seiner Familie aufs Land einzuladen. Das Dorf, in dem er wohnte, hatte einen kleinen Bahnhof, und dort wollte er mich um 11 Uhr vormittags abholen, he was to pick me up at 11 a.m. Aber ich verpaßte den Zug. I missed the train and arrived at half past twelve. Der Bahnsteig war leer, mein Kollege hatte verständlicherweise das Warten aufgegeben. But ˙what was worse˙, noch schlimmer aber, I didn't know where he lived. Warum hatte ich mir seine Adresse nicht aufgeschrieben? Wie konnte man so schlampig sein, so slovenly. Der Name, Robert Norton, war das einzige, was ich wußte. Von wem sollte ich seine Adresse herauskriegen, noch dazu am ersten Weihnachtstag?

Vor mir, von dem erhöhten Bahnsteig aus klar überschaubar, breitete sich ein entzückendes, echt englisches Dorf aus, mit strohgedeckten Dächern, thatched roofs, alter Kirche und einem lieblichen Flüßchen. Wie gern wäre ich hiergeblieben, damn, *dämm*, verdammt noch mal! I was about to – ich stand im Begriff, nach Oxford zurückzufahren, ging aber auf jeden Fall noch zum Stationsvorsteher –

– Doosie, here the story begins, ich werde sie Dir ganz auf englisch erzählen, weil es eine so typisch englische Geschichte ist. Leg vorsichtshalber Dein Wörterbuch neben dich:

I went to see the stationmaster, a friendly elderly man with rosy cheeks and cheerful blue eyes. Yes, he said, he remembered having seen someone waiting on the platform for a long time. No, he didn't know of any Robert Norton. He checked the telephone directory, *diréck-*, but there was no Norton. Mr Smith, the postman, he said, ought to know Mr Norton's address. It might be a little untimely (unsuitable), he said, to ·bother· (trouble) Mr Smith with this on Christmas Day, but that couldn't be helped, could it? He put on his coat and asked me to follow him.

Mrs Smith, a thickset woman, was friendliness itself, and soon Mr Smith, the postman, appeared in the doorway. No, he said, he had never heard of a Mr Norton, they must have ·moved in· (come here, *mu–vd*) quite recently. "There's nothing else we can do but go around and inquire (ask) in the village", he said. He put on a warm sweater and his coat, and told the stationmaster to go back to his station: he, Mr Smith, would take care of me.

Mr Smith took me to Mr Lennox, the ·grocer· (Lebensmittelhändler), entering by the back door, since the shop was closed. The good man hadn't heard of a Mr Norton either; there were a few new customers ("clients"), he said, but only the old ones were known to him by name.

From Mr Lennox, the grocer, with Mr Smith, the postman, to the police constable, *p(e)lí–s*, who appeared with his three children, all of them Xmas-happy (Xmas: Christmas). He didn't know either because nobody ever has to register with the police. "This is a free country", he laughed.

From the police constable to Mrs Hollingway who, as Mr Smith told me with a twinkle in his eye, was the village ˙gossip˙ (Klatschtante). But Mrs Hollingway knew nothing of a Mr Norton and ˙referred˙ us (sent us) to the tobacconist in Mill Street.

And the Symphony of an English Village continued: Mr Peters, the tobacconist, was very sorry, he had ˙not the faintest idea˙. But Mr White, he said, might know: since he, Mr White, was an estate agent (Grundstücksmakler), he might have heard of people who recently moved in. "Too bad", Mr Peters regretted, "Mr White lives right at the other end of the village."

Off we went, postman Smith and I, from Mr Peters, the tobacconist, to Mr White, the estate agent at the opposite end of the village. But Mr White shook his head. "Awfully sorry", he said, "what a shame to miss friends on Christmas Day." But John, his son, he said, might know: he did his newspaper round every morning (er trug Zeitungen aus). "John", he said, "is with our neighbours next door, perhaps you should have a try there."

We had a try, and little John, about twelve, full of Xmas excitement, knew all about it: "Yes sir, the Nortons – they moved in last month, I'll go there with you."

Mr Smith, having ·done his bit·, left us now, going home to his wife and children, and little John and I once more walked across the village – that lovely village – to find the Nortons at the other end.

The Nortons were overjoyed. "We thought you had forgotten", they said, "how did you manage to find us?"

I couldn't answer right away. I had a lump (Kloß) in my throat.

Ja, das war's. Und eine Menge Englisch war's auch, Doosie dear. Macht nichts, wenn Sie nicht jedes Wort mitbekommen haben. But I'm sure you got the ·gist· of it, *djisst,* den Kern der Sache, nämlich: England, deine Dörfer! (Und England überhaupt.)

1. Consider: "move", *mu–v,* move in or out, umzie–
"I won't consider a thing, Doubleyou!"

Would you perhaps consider the Cherwell Boathouse, Oxford's best restaurant, for lunch? Would you please consider it, madam, although it is not in the Michelin Guide?

"If you insist . . ."

CAMBRIDGE

Looking at the Toffee Side

"Ehrlich gesagt – frankly, Doubleyou, Cambridge gefällt mir fast *noch* besser als Oxford."

Kunststück! ˙No wonder˙, Doosie, wo ich Ihnen gleich jetzt zu Anfang die zwei absoluten Perlen, pearls, *pö–lz,* von Cambridge gezeigt habe, obwohl ich ein Oxford-Fan bin.

The Backs! Oxford has no Backs, diese herrlichen Blumenwiesen, die von den Hinterseiten (backs) der Colleges zum Flüßchen Cam (Cam-bridge!) hinunterführen. Oxford has the Quads, Cambridge has the Backs.

Und zweitens bin ich mit Dir vom Flüßchen Cam aus über die Wiesen zum King's College hinaufgegangen und habe Dir King's College Chapel gezeigt, which is the *pö–l* of *pö–lz.*

King's College hat, wie fast jedes College, eine Kirche, a chapel. Aber *was* für eine! You may know already, Doosie: this is one of the world's ˙finest˙ chapels, built during the hundred-odd years from 1446 onward, in "Perpendicular", England's late Gothic style. Diese herrlich schlichten Linien! Nichts weiter als ein großes Viereck, a simple rectangle, with huge windows, crowned by fantastic fan vaults, einem wunderbaren Fächergewölbe. Die Fenster sind so groß und hoch und so dicht aneinander, daß der Raum gleichsam aus Glas gebaut ist, aus Glasmalereien, stained glass.

"Ich muß an unsere Sainte-Chapelle denken, in Paris, nur viel größer hier und *noch* einfacher."

Quite, genau! Die gleiche Stimmung. Darf ich Dir drei Zeilen von William Wordsworth, *wö-dz-*, über das Innere der King's College Chapel vordeklamieren, auch wenn Du *kein Wort* davon verstehst? (Ich verstehe auch nicht alles.) Die Melodie allein! Wordsworth, der etwa zu Goethes Zeiten lebte, wird ja von vielen als Englands größter Poet angesehen:

> These lofty pillars, spread that branching roof
> Self-poised, and scoop'd into ten thousand cells
> Where light and shade repose, where music dwells.

– where music dwells: Da übte doch tatsächlich für uns dort drinnen der King's College Choir, which is as famous and exquisite as the chapel itself. Wenn ich Dir da nicht die Schokoladenseite von Cambridge gezeigt habe! "Schokoladenseite": ˙toffee side˙.

In Hamburg habe ich übrigens eine Platte von dem Chor, "The Psalms of David" (psalms: *sa-mz*), vielleicht hören wir sie einmal dort zusammen an. Als wir in der Chapel waren, übte der Chor gerade Psalm 137, "By the waters of Babylon". "An den Wassern zu Babel saßen wir und weinten, wenn wir an Zion gedachten. Yea, we wept, when we remembered Zion. We hanged our harps upon the willows..."

– Unsere Harfen hingen wir an die Weiden...

Sorry, Doosie, but I love that psalm so much. It's *the* song about exile. And King's College Chapel is just the place in which to hear it. Wenn Du nur bei mir bist.

Gosh, mein Gott, wie kommen wir aus dieser melancholischen Stimmung nur wieder raus? Help! Setz Dich ins Gras, Doosie, und bitte mich um Verzeihung, ·apologize·, *(e)pólĺ-*, daß Du Cambridge lieber magst als Oxford.

"I would'nt dream of apologizing, darling Double-you!"

Und das nach all meinen Mühen, efforts, Dir Oxford nahezubringen. Na schön, forget about it. For the rest, you may be right. In point of fact – as a matter of fact, in fact, *actually* – Cambridge is more "intimate" than Oxford, while Oxford is more "imposing". Cambridge is smaller: it has fewer colleges, fewer inhabitants, Einwohner, and fewer industries – after all, Oxford has got the Morris motorcar works. Also, ·by and large· (on the whole), Cambridge's architecture is, compared with Oxford, agreeably modest.

Andererseits aber ist den beiden Städten vieles gemein, they have much ·in common·. Von den über vierzig englischen (nicht schottischen) Universitätsstädten sind sie die einzigen, die bis ins Mittelalter zurückgehen, which ·date back· to the Middle Ages, und die ein wirkliches College-System haben. Die anderen

Universitäten – die neueren werden oft "red-brick universities" genannt (brick: Ziegel) – ähneln mehr unserem kontinentalen System. In fact, Oxford and Cambridge have so much ·in common· that they are often called "Oxbridge". Eine Art Zwillinge also – a sort of twins.

Aber keine eineiigen Zwillinge! Not identical twins, *aidéntikl*. People generally say that Oxford is *arts*, Geisteswissenschaften, while Cambridge is *science*, Naturwissenschaften. This is a gross – *grous!* – exaggeration, eine grobe Übertreibung, but ·there is something to it·, irgend etwas ist schon dran. Wenn Du zum Beispiel einen englischen Arzt fragst, ob er ein "Cambridge man" sei, oder einem Philologen sagst, er sei doch wohl ein "Oxford man", werden sich beide mächtig geschmeichelt fühlen, they'll both feel mightily flattered, auch wenn sich die Sache in Wirklichkeit umgekehrt verhält, ·the other way round·. Es ist wohl kein Zufall, it's no ·coincidence·, *kouínsi-*, daß –

"– Es wird mir hier ein bißchen kalt auf dem Rasen, W."

Anyway, it's no ·coincidence· that "science" people like Darwin and Newton studied in Cambridge. By the way, our mutual friend, Erasmus, was also here, teaching Greek and other good things. Speaking of Newton, you can still see –

"Stop ·lecturing·, Doubleyou!"

– you can still see, here in Cambridge, at Trinity College, an apple tree directly descended (coming) from

the tree from which Newton is said to have discovered Gravita-
---

Wirklich das erste Mal, daß *Du* mir einen Kuß gibst, Doosie.

"To stop you from talking, Doubleyou."

P.S.

Sag mal, was für eine Zeitung hast Du Dir da eigentlich von der Stewardeß geben lassen? The Daily Mirror? Liest Du denn etwa die Bild-Zeitung zu Hause?

"Ich lese *aktiv*, Doubleyou, just as you said: *any* paper, *any* text ·will do·! Eine richtige Skandalgeschichte ist das, über Lord Lucan, *lú–k(e)n* – right, W?"

Quite.

"The 7th Earl, *ö–l*, of Lucan who murdered his children's Kindermädchen –"

– their nanny, Doosie.

"He murdered her aus Versehen –"

– by mistake, sweetheart.

"He murdered her by mistake, thinking she was his *wife*. And Veronica, his wife, told everybody that she had married him because he had a dream figure. Weiter bin ich noch nicht gekommen, aber weißt du, was ich *aktiv* gelernt habe?"

Ich komme vor Spannung um, darling, it's tantalizing.

"Dream figure, W, dream figure!"

Na schön, Herzchen, ·by all means·, na schön. Hoffentlich hast Du auch folgendes aktiv gelernt – jetzt einmal ganz schnell, so schnell wie dieses Flugzeug, wenn's auch über London gerade etwas holperig fliegt:

Consider "Stimmt!", "genau!" oder einfach "ja": . . .
. . . Quite.

Consider "sich entschuldigen": . . . . ˙apologize˙.

Consider "schmeicheln": . . . . . . flatter; und "Schokoladenseite": . . . . toffee side.

Consider "Geisteswissenschaften" (Oxford): . . . .
arts. Übrigens: der akademische Titel M.A., *emm ei,* bedeutet "Master of Arts", mit unserem "Magister Artium" verwandt.

Consider "Naturwissenschaften" (Cambridge): . . .
. . . science. Der akademische Titel B.Sc., *bi ess si,* bedeutet "Bachelor of Science", etwa ein halber Doktorgrad.

Und schließlich, eben vorgekommen, consider, überdenke ein nachgebendes "Na schön": . . . . . . ˙by all means˙.

Has all this sent you to sleep? Wach auf, Geliebte, and look down, twenty thousand feet below: the coastline and the sea.

Goodbye, sweet England.

Oxford from Boar's Hill

The baritone's "Light Sussex"

Cambridge: King's College Chapel

BERLIN

Orchids on a Dunghill

Merkwürdig, dieselbe Buchsbaumhecke hier am Bayerischen Platz wie vor fünfzig Jahren. Und auf der Bank, auf der wir sitzen, stand damals in großen schwarzen Buchstaben "Nicht für Juden". Dort drüben, Landshuterstraße, wohnten wir, gegenüber von Albert Einstein. His house was bombed, *bomd*, ours still stands intact. Weiter unten wohnte Ringelnatz, glaube ich, auf jeden Fall sah man ihn oft hier, auch Bruno Walter, Alfred Kerr, and many other ˙big shots˙ (prominent personalities) of Berlin in the twenties.

Damals hieß diese Gegend bei Leuten im Osten der Stadt etwas verächtlich "Berlin W" (West), weil es ein schicker und wohlhabender Stadtteil war, ˙swell˙ and affluent. Things don't seem to have changed much in those fifty years: Damals Berlin W, heute Westberlin, still ˙swell˙ and affluent when compared with East Berlin. (West Berlin, East Berlin: no hyphens, please, Doosie, keine Bindestriche.) Much has changed, and yet so little. I've almost the same feelings now as I had when I was twenty in the twenties.

"Ich kann mir so schwer eine konkrete Vorstellung von dieser Zeit machen, von den Zwanziger Jahren meine ich, in der Schule habe ich davon so gut wie gar nichts mitbekommen."

It's pretty easy to get an idea, *aidí–(e)*, of those days, Doosie. Just imagine, stell Dir vor, that the twenties were like – today. There is a great similarity, Ähnlichkeit, between now and then. Today, too, there may be a catastrophe any moment: Hitler then, an atomic war now, to say nothing of the Third World. And while frivolously dancing over a volcano as we did then, today you have the same egoism, the same decadence, but also the same cultural heyday (climax) as existed in the twenties. Was damals der Expressionismus, das Bauhaus, Sigmund Freud, die Arbeiterbewegung – die Zweite Aufkärung sozusagen, the Second Enlightenment –, das ist heute die Dritte Aufklärung: the breakthrough of women, of youth and of the peace movement, begleitet von einem schier unendlichen Kulturangebot für jedermann, inmitten einer extrem kommerziellen und oberflächlichen Konsumgesellschaft.

"Na, *so* genau wollte ich's nun wieder auch nicht wissen, Doubleyou. Nur die *Atmosphäre* damals, die kann ich mir schwer vorstellen."

You'll get your atmosphere, Doosie, ·straight from the horse's mouth·, aus erster Hand, nämlich aus meiner. Was heute von jener Zeit unterscheidet, war die maßlose Verbitterung damals. Fortsetzung auf englisch, damit Du etwas davon hast, ·for your benefit·:

There was bitterness and resentment everywhere, after an inflation which had ruined the middle class, after a war which almost everybody believed had never been lost by the military – die Dolchstoßlegende (the Stab in the Back) – and with six million unemployed, Arbeitslosen, going hungry.

Zu allem Unglück gab es für primitive Geister ein geradezu perfektes Ventil für diese Bitterkeit, einen idealen Sündenbock, an ideal scapegoat: the Jews. Rathenau, the Jewish industrialist, as a scapegoat for those who hated Capitalism; Liebknecht and Rosa Luxemburg, the Jews, as a scapegoat for those who hated Communism. Just the right thing for Dr Goebbels' propaganda machine. As it was, all three were murdered, here in Berlin.

Die Bitterkeit! Die wurde von den Nazis ausgebeutet, exploited. Begreifst du heute, verstehst Du heute den Gift und Galle speienden Ton eines Adolf Hitler? But people understood him in those days. To tell you the truth, Doosie, that man Hitler was not altogether different from your average German at that time, er unterschied sich ziemlich wenig vom Durchschnittsdeutschen jener Zeit. Sicher schwer für Dich zu verstehen, denn die Deutschen von heute, zumindest die Jüngeren, sind ein ganz anderes Volk als damals: they are far more *civilized* (wieder einmal mein Lieblingswort), they have simply become a much better people.

"Ich möchte das bestreiten, W, daß die Deutschen heute soviel besser sind."

Doosie, I hate old folk 'showing off' with their "experience"; alte Leute, wie zum Beispiel ich, sollten nicht mit ihrer "Erfahrung" angeben: Man kann sehr wenig aus der Geschichte lernen, auch aus der eigenen nur sehr wenig. But I am an eyewitness, Doosie, ein Augenzeuge; ich habe die Weimarer Republik gesehen, die Nazis, und nach fast fünfzigjähriger Abwesenheit nun auch einige Jahre lang die Bundesrepublik: I think I can make comparisons, vergleichen.

"Da hast Du's mir aber gegeben, great Doubleyou."

Sorry, Doosie. Auf englisch: ·So much for you·. Aber glaube mir: Die "goldenen zwanziger Jahre", golden waren sie nicht. Berlin war die Jauchegrube einer kranken Gesellschaft, ein großer Misthaufen, und auf diesem blühten die wunderbarsten Orchideen, wie damals nirgendwo auf der Welt. Orchids on a dunghill, *ó-kidz*: writers like Bert Brecht, Kurt Tucholsky, Alfred Döblin; musicians like Bruno Walter, Furtwängler, Klemperer, Kleiber; artists like Käthe Kollwitz, George Grosz and Heinrich Zille; physicists like Einstein and Max Planck; theatre directors like Max Reinhardt and Erwin Piscator; actors like Kortner, Gründgens (!) and Elisabeth Bergner; painters like Beckmann, Kokoschka, Liebermann – all in Berlin: orchids on a dunghill. Da hast Du Deine Atmosphäre, Doosie!

"Thank you, Doubleyou, very kind of you."

Are you ironical, *ai-*, or ·bitchy·, biestig, Geliebte? Frankly, I *like* you that way. Und wenn Du mehr von Deiner Atmosphäre haben willst, dann sieh Dir – ich hoffe, nicht zum erstenmal – den herrlichen Film "Cabaret" an, with divine Liza Minelli as Sally Bowles, *boulz*, and unforgettable Joel Grey as entertainer, "Conférencier". Historisch und pedantisch betrachtet, stimmen die Tatsachen in diesem Film oft überhaupt nicht, they're ˙wide of the mark˙. But artistically and "atmospherically" speaking, everything is ˙dead right˙ (absolutely correct): this was Berlin in the late twenties and early thirties. Auch der schöne blonde, mit seinem Gesang alle – bis auf einen– mitreißende Nazi-Junge, den man bei manchen Vorführungen als möglicherweise ansteckende Nazi-Propaganda herausschneidet: pedantisch gesehen "unwahr", künstlerisch gesehen die reinste Wahrheit, dead right. "Gefühl ist alles, Name ist Schall und Rauch!" (Faust) "What's in a name?" (Romeo and Juliet)

˙So much for˙ atmosphere. Thank you for listening, Doosie. I know I was lecturing a little.

Über diesen Bayerischen Platz bin ich viele tausend Male gegangen, zum Prinz-Heinrich-Gymnasium in der Grunewaldstraße, auf das etwas früher auch Hans Fallada ging. My school has been bombed to pieces, but the playground is left, der Schulhof, und dazu noch ein Denkmal: a memorial to those killed in the 1914–18 war.

Ich erinnere mich noch genau an die Einweihung dieses Denkmals, its inauguration. It must have been in 1928 or so (– Doosie, again: say "nineteen twenty-eight", without "hundred"). In front of the memorial there was a two-hour gymnastic and athletic show performed by the Prinz Heinrich pupils. Diese Turnerei wurde auch sonst sehr gepflegt und später dann bei ihrem wahren Namen genannt: Wehrsport. (Ich sabotierte das von klein auf und schmiß in der Turnhalle die Geräte um. Kinder haben manchmal einen untrüglichen Instinkt.)

Das war nicht alles bei jener Denkmals-Einweihung. For what I was going to say is this: the chairman of our parents' council, der Vorsitzende des Elternrats, a short little man by the name of Dibelius, wearing a flashing pince-nez and looking militantly Prussian, *praschn,* preußisch, dieser Mann ermahnte uns mit schneidig knarrender Stimme, daß Deutschlands einzige Hoffnung wir, die Jugend seien, und daß es fürs Vaterland sei, wenn wir unsere Körper im Turnen stählten. To ˙emphasize˙ this, um das zu unterstreichen, he repeated the same thing in Latin: "Pro patria est", he said, "dum ludere videmur" – it is for the Fatherland when we seem to play. Als sei das noch nicht genug, schloß er seine Rede mit einem weiteren lateinischen Spruch – schließlich, after all, dies war ja ein *humanistisches* Gymnasium –, und seine Stimme zitterte vor Erregung: »Mens sana", rief er aus, "in corpore sano" – ein gesunder Geist in einem gesunden Körper, wobei er *Körper* besonders betonte bzw. ˙emphasized˙.

Ein paar Jahre später hieß so etwas "Blut und Boden", und der gesunde Körper führte zu einem Geist, der sich in Stalingrad ein Denkmal setzte, und in Auschwitz. Aber dafür konnte natürlich meine Schule nichts, o nein. Auch jener Herr Dibelius mit dem blitzenden

Kneifer und der Turnerrede, nach der Hitlerzeit der Bischof von Berlin, der konnte, wie jedermann weiß, ebenfalls absolut nichts dafür. Und da hört man heute, nur eine Handvoll Verbrecher hätten den deutschen Geist nach Auschwitz getrieben, *nur sie*: So etwa sieht die Dolchstoßlegende nach dem Zweiten Weltkrieg aus. Es ist Zeit, mit ihr aufzuräumen.

P.S.

Sorry, Doosie, I was "abreacting" or, if you prefer a less Freudian expression, ˙letting off steam˙, ich habe Dampf abgelassen. I simply had to ˙get it out of my system˙, ich mußte das loswerden, ausschwitzen mußte ich das – getting it out of one's system, herrliche Redewendung! Um einen leichteren Ton anzuschlagen: "Il Sorriso" ist äußerlich ein durchschnittliches, average, aber in Wirklichkeit ein erstklassiges italienisches Restaurant in meinem alten Berliner Westen, nothing "chic" or "posh" or "swish". Laß uns dorthin gehen. No use going to those snobbish places with their ˙padded bills˙, Nepprechnungen, and ˙paying through the nose˙ (etwa "sich ausnehmen lassen").

I strongly recommend the grilled liver there, but after my heavy lecture you may like to have something lighter. Their scampi are excellent, too – in fact anything you may care to order. Während wir aufs Essen warten –

"Nein, bitte keine Wiederholung jetzt, Doubleyou!"

OK, darling, let's do that later. Apropos of "Cabaret" I have taken along Christopher Isherwood's "Goodbye to Berlin", the book on which the film is based, written in the thirties. Ich möchte Dir daraus eine Stelle vorlesen, in der sich Chris (Christopher

Isherwood) an seine geliebte, betörend sprunghaft-impulsive Sally erinnert. Not that this is a ˙purple passage˙ (*pö–pl pässidj*, etwa: goldene Worte). It's just nice and light enough to go well with your scampi. Also, it may be good for you to hear someone else instead of listening to me all the time.

> I have never seen her since. About a fortnight later, just when I was thinking I ought really to ring her up, I got a postcard from Paris: "Arrived here last night. Will write properly tomorrow. Heaps of love." No letter followed. A month after this, another postcard arrived from Rome, giving no address: "Am writing in a day or two," it said. That was six years ago.
> So now I am writing to her.
> When you read this, Sally – if you ever do – please accept it as a tribute, the sincerest I can pay, to yourself and to our friendship.
> And send me another postcard.

Schönes, einfaches, sehr "englisches" Englisch, isn't it? No, Doosie, you *must* have a dessert, even if you're ˙full˙ ("full", satt, klingt ordinär, ist aber gute Umgangssprache). For dessert, *dizȫ–t*, do you remember the Zabaione we had in Rome, Quindici? Il Sorriso, Berlin, has the best I ever had, warm as it should be, with *ice cream* at the bottom, *dilísch(e)s*!

Nicht widersprechen jetzt, Doosie, don't ˙argue˙: Wir müssen wiederholen. Aber ich will's Dir relativ leicht machen: I'll give you the answers to my questions in the 'paragraph', Absatz, following my last question. So you're free to cheat (zum x-tenmal: mogeln) or to examine yourself by putting your sweet hand over the answers.

1. Sündenbock. (The Jews, remember?) In English, please. Fängt mit *s* an und hört mit einer englischen Ziege auf.

2. "aus erster Hand", "aus direktester Quelle". Eine Redensart mit einem Pferd.

3. Betonen, unterstreichen. (Der Herr mit der Turnerrede.) Hat etwas mit "emphatisch" zu tun.

4. Gleich am Anfang von diesem PS gebrauchte ich zwei englische Ausdrücke für "abreagieren", "Dampf ablassen". Ich bitte um beide.

5. Bitte aussprechen: experience, Erfahrung (auch: Erlebnis); bomb, bomben; und wieder einmal: average, durchschnittlich.

Here are the answers: 1. scapegoat. 2. (straight) from the horse's mouth. 3. emphasize, *émf(e)saiz*. 4. abreact, fast wie im Deutschen ausgesprochen, nur eben a wie ä und e wie i; und zweitens: to let off steam. 5. *ikspí–ri(e)ns; bomm; äv(e)ridj.*

Der komische Ausdruck "(straight) from the horse's mouth", "aus erster Hand", soll übrigens vom Pferderennen kommen, from horseracing: you got the tip about the winning horse "straight from the horse's mouth". Eine bessere Quelle ist ja kaum denkbar.

Wollen wir jetzt gehen und Kunstwerke wie den

einbetonierten Cadillac von Wolf Vostell auf dem Kurfürstendamm bewundern? That ghastly (horrible) thing has one advantage, Vorteil, *ädvá-ntidj:* on our way there we would pass the Gedächtniskirche. Und die ist nun weiß Gott als Ruine viel schöner als zu meiner Zeit, wo sie ein scheußliches, ghastly, *gá-stli,* Wilhelminisches Machwerk in pseudoromanischem Stil war. So you'll have to admit, Doosie, zugeben, that things are a *little* better now than they were. Any objection?

"Krrr"

Welll, Doosie, did you read Christopher Isherwood "actively"? Then you might remember three words:

Heaps, *hi-ps,* of love.

STILL IN BERLIN

"No More Than a Fire Brigade"

Hier hast Du also das garantiert klassische Panorama: Links die Humboldt-Universität, die übrigens zu meiner Zeit "Friedrich-Wilhelm-Universität" hieß; daneben Schinkels Neue Wache mit dem Kastanienwäldchen; dann Schlüters Zeughaus und die Spreebrücke. Und rechts die Alte Bibliothek, vielleicht heute noch wegen ihres schön geschwungenen Barock die "Kommode" genannt; davor der August-Bebel-, früher Franz-Josephs-Platz –

– it's really a pity that the Germans keep changing the names of their streets and squares as if a town were a sort of political telephone directory. What is worse, this nonsense ·occurs·, kommt vor, not only here, in East Berlin, but also in the western part. What this country needs is Continuity.

– dann weiter hinten, immer noch rechts von Dir, die schöne Hedwigskirche, with that green patina dome (*Kuppel*, Doosie, remember St. Peter's?). Weiter, immer noch rechts, nach der Staatsoper, das ehemalige Kronprinzenpalais. In the twenties, it was a museum of modern art, a wonderful place. I went there almost daily, from the university, just across the street, to look at Nolde, Beckmann, Barlach, Lehmbruck (his lovely "Kniende" was later smashed by the Nazis). Und dann weiter, jenseits der Spree, der "Palast der Republik", ein moderner, recht akzeptabler Glaskomplex auf dem Gelände, on the ˙site˙, des alten Berliner Schlosses, das 1951 in die Luft gesprengt wurde – it was blown up.

Das etwa wär's. Ziemlich tot jetzt in der DDR, dieses Prachtpanorama. Aber tot war's eigentlich schon immer, auch in meinen Studentenjahren zur Zeit der Weimarer Republik: there was then the ˙former˙, ehemalig, *fó–m(e)*, Royal Palace, the "former" Royal Opera, the "former" palace of the Crown Prince, and so forth. Erich Kästner, in his "Fabian" (1931), called this "former" panorama an expensive funeral, "ein teures Begräbnis". Tot, wie eh und je: Schon zur preußischen Königszeit klagte der treffliche Friedrich Hebbel: "Wie leer sind diese Straßen, wie öde diese Plätze." And for our common friend, Christopher Isherwood, these buildings were "in grand international styles, copies of copies".

Copies of copies. Mich selber packt bei diesem Anblick ein neues, ein ganz merkwürdiges Gefühl: Berlin ist *östlich*. No, Doosie, this has nothing to do with the DDR or with the Wall, Mauer. All these buildings, and much of Berlin as a whole, could just as well lie in Warsaw or Leningrad – ˙just as well˙, ebensogut. Prussia was East, and it will take some time for Berlin to be part of the West.

Vor einem Jahr habe ich meine alte Universität be-sucht, hier links, für mich das schönste Gebäude dieses Panoramas: die anmutige Vereinigung preußischen Ernstes mit den spielerischen Ausklängen des Barock.

Ich besuchte meine alte Universität aus reinen Gefühlsgründen, for purely sentimental reasons. Ich wollte nach über fünfzig Jahren einmal wieder eine Vorlesung hören, a lecture, am liebsten ('preferably', *préff-*) – am liebsten eine strafrechtliche Vorlesung, um die Qualen meiner Jugend, die Du ja aus Basel kennst, im gelassenen Alter gemütlich nachzuvollziehen. Mal sehen, dachte ich, wie so etwas jetzt in Ost-Berlin klingt. Nun, wie es klang, sei jetzt auf englisch erzählt:

At the entrance, a man in uniform stopped me, asking for my DDR identity card or whatever. When I told him that I was a Hitler refugee and a 'former' student at this university wanting to 'attend', besuchen, a lecture-*léktsch(e)* after fifty years' exile, he let me pass after I had 'produced', vorgezeigt, both my passport and my PEN-Club membership card.

It was quite an experience, Erlebnis, to see those old corridors again, after having passed the hall with Karl Marx's gigantic bronze head – incidentally, übrigens, an excellent piece of DDR workmanship (wenn auch Marx die Kunst als Hure des herrschenden Klassensystems bezeichnete . . .). Yet wherever I went, wohin auch immer, the few lecture rooms I found were empty, the other rooms being administration offices.

I entered the *Sekretariat für Rechtswissenschaft* and told my story: Hitler refugee, sentimental reasons, over fifty years since, "a lecture in my old university", ·and so on and so forth·. They listened patiently and, with a slightly scared look, mit einem etwas ängstlichen Blick, they ·referred· me, verwiesen mich, *rifȫ–d*, to the *Abteilung für Kriminalistik* which, they said, was in charge of lectures on criminal law. So I went there, retold my story, and was ·referred·, again with a slightly scared look, to the *Universitätsverwaltung*. There, a pretty secretary listened to my story with a ·sympathetic· smile (*simp(e)thétik:* mitfühlend, teilnehmend, *nicht* unser "sympathisch"). She suggested I should turn to the *Sekretariat für Internationale Beziehungen*, on the second floor: they would certainly be able to help, she said. In fact, a young man in that *Sekretariat* was perfectly willing to help me to attend a lecture, but, "as a matter of form", he said, with a slightly scared look, he would like to ·refer· me to the *Prorektor*, on the first floor. This vice-chancellor was an extremely likable (deutsch: sympathisch!) elderly man. He said he would love to help a Hitler refugee like me to listen to a lecture in his old university; but, unfortunately, during the present holidays, there were no lectures at all, *ätó–l.*

Doosie, wenn Sie aus dieser ·wild-goose chase·, dieser "für-die-Katz-Jagd", nur das kleine Wörtchen "refer" gelernt haben – refer someone to somebody, or to something –, dann hat sich die ganze Geschichte gelohnt, it has been worth while.

Auch am Hörsaal 44 kam ich vorbei. Da hatte ich damals Professor Smend gehört, Allgemeine Staatslehre. Er war ein hagerer Mann, ein an sich wohl verfassungstreuer Wissenschaftler in der Weimarer Republik, der sich emsig um eine richtige Definition des Begriffes "Staat" bemühte. The State, he said, must, by definition, be more than merely (only) a certain territory with a certain population and a certain constitutional system. Denn wäre der Staat nur das, dann wäre er ja nichts anderes als – der Professor machte eine Pause für die Pointe –, nichts anderes als eine Feuerwehr. Die Studenten lachten und trampelten wild Applaus.

– the State no more than a fire brigade. Ach wären wir doch endlich soweit! But this was not enough for Professor Smend nor for another professor at Berlin University, Georg Wilhelm Friedrich Hegel. Nor for Adolf Hitler: Im Mai 1933, auf dem großen Platz Dir gegenüber, Doosie, vor meiner Universität, wurden die Bücher derer verbrannt, die im Staat nur eine Feuerwehr sehen wollten, und nicht mehr als das.

Natürlich, Professor Smend hatte keine Schuld daran. Auch Hegel nicht. Und selbstverständlich nicht Herr Dibelius, der Bischof von Berlin. O nein.

"Doubleyou, you're ·abreacting· again, or ·letting off steam·! Wie wär's jetzt mit dem Pergamon-Museum, dem berühmten Pergamonaltar? Ist ja hier in der Nähe."

Ich weiß nicht recht, Doosie. Nach unseren klassischruhigen Elgin Marbles in London stört mich an diesen sicherlich ja sehr schönen hellenistischen Kriegsfriesen, daß man sie in eine riesige, noch obendrein unterkellert in der Luft schwebende Tempel-Attrappe eingelassen hat. Just imagine the British Museum building up a ˑfakeˑ (imitation) Parthenon for their marbles!

Da habe ich einen ganz anderen Vorschlag: Let's have a look at Greek art in the "Antikenmuseum" in West Berlin. It is one of the nicest small museums I have ever seen: In einem entzückenden Kavaliershaus des Charlottenburger Schlosses sind kostbarste griechische Vasen mit den wunderbarsten Figuren aus der antiken Sagenwelt ausgestellt, alles angenehm klein, simply because only *small* things could be evacuated to the West during the war. Das macht dieses Museum zu einem Monument über rührend bescheidenen Sammeleifer und – laß uns fair sein – über preußischen Fleiß.

Danach schlage ich das kleine, ebenfalls in reizendem klassizistischem Stil gebaute Museum direkt gegenüber vor: the Egyptian Museum, with the ˑuniqueˑ head of Nofretete or, perhaps a little more "English", Nefertiti. Rumour has it, es geht das Gerücht, that this is a modern copy, a ˑfakeˑ, the real Nefertiti being kept at a top-secret place somewhere else. Anyway, fake or no fake, it's the world's loveliest face.

Komm, zur Versöhnung mit Ost-Berlin gehen wir zum Kastanienwäldchen hinüber, bevor wir nach West-Berlin zurückkehren. In diesem Wäldchen, in dem rührend einfachen Gebäude der früheren Singakademie, wurde 1829 mit der Aufführung der damals völlig unbekannten Matthäuspassion der längst vergessene Bach wiederentdeckt . . .

That, too, is Prussia. That, too, is Berlin.

P.S.

Und Dahlem haben wir auch geschafft! "Es hat sich gelohnt" – bitte auf englisch, Doosie, kam vor. (It has been worth while.) Schön, daß man das Paradestück der dortigen Gemäldegalerie, den "Mann mit dem Goldhelm", endlich als Nicht-Rembrandt entlarvt hat, der Kerl hat mich schon immer gestört. Rembrandt hätte nie einen Helm so pastos-reliefartig gemalt, and the face under it as flat as a pancake. Aber die echten Rembrandts! Each and every one is an experience, *ikspí-*. Und dann das Herrlichste von allem, at least 'to my taste': Botticellis Rundbild der Jungfrau, umgeben von singenden, lilientragenden Engeln. We must see more of Botticelli, Doosie: we must go to Florence.

"Promised, W?"

Promised, D!

Und dann Holbeins "Bildnis des Kaufmanns Georg Gisze". That fantastic crystal vase in the foreground, with the three carnations in it, *kaneí-*, Nelken. Und Frans Hals' realistisch hexenhafte "Malle Babbe". In meiner Jugend, glaube ich, hieß sie noch "Hillebobbe". Überhaupt, das Wiedersehen mit diesen altvertrauten Bildern ist wie ein Wiedersehen mit meiner Jugend: childhood revisited. Do you remember my classmate Giuseppe Klotsch and his *Arierschein* – in Ronco it was, with the curate there? Well, Giuseppe and I used to come here quite often. He also enlightened me on Greek vases, ich hätte Dir das wirklich schon früher erzählen sollen, als wir die herrlichen griechischen Vasen im Antikenmuseum sahen: ˈoriginallyˈ, *(e)rídj-*, ursprünglich, the figures were painted in black on the red material of the vase, *va–z*, (Amer.: *veiz*), and later, from about 500 B.C., the figures were the red material itself, contoured or "ausgespart" in black – das sind die allerschönsten, die ausgesparten. Wenn Du eine antike Vase siehst, kannst Du also auf den ersten Blick, at first sight, ihr ungefähres Alter erkennen. I'm always ˈshowing offˈ with this, "angeben", and people are always greatly impressed. Der Fachausdruck, the technical ˈtermˈ, ist übrigens, wenn Du selber einmal Eindruck schinden willst, der alte "schwarzfigurige" und der spätere "rotfigurige" Stil; in English: don't know, Giuseppe Klotsch didn't tell me.

1.

"No, Doubleyou, not now!"

1. ˈverweisenˈ (jemanden an jemanden), übrigens auch "sich beziehen auf". Kam hundertmal in meiner "wild-goose chase" vor, sehr häufiges Wort. Ich verstecke auch diesmal die Antworten nicht, iß Du nur Dein Hühnchen in Ruhe hier in der Museum-Cafeteria.

2. "ehemalig". (Das "ehemalige" Schloß usw.)

3. Eine Vorlesung (oder was auch immer) *besuchen*, daran teilnehmen, überhaupt "anwesend sein". Ein sehr

häufig gebrauchtes Wort. Also bitte: "besuchen". Nein, nicht ·join·, aber großartig, daß Du Dir das Wort gemerkt hast!

4. Fälschung, Nachahmung oder ein ähnlicher Schwindel. Kam zweimal vor – first in connection with the Pergamon temple, and then with Nefertiti.

5. Schenk ich Dir, iß Du Dein Hühnchen in Ruhe, ·leisurely·.

You may now remove, *rimú–v*, (take away) your hand from the answers. 1. refer. 2. former. 3. attend, *(e)ténd.* 4. fake (*a* fake and *to* fake, as usual). 5. Wir könnten eigentlich, after you've eaten your chicken, da könnten wir eigentlich, wo wir schon hier sind, noch einmal in die Gemäldegalerie zurückgehen, uns Lucas Cranach angucken, und Dürer und den Blumen-Bruegel und den Bauern-Bruegel und Terborchs herrliches "Konzert", und –

"Was heißt 'der Mann' auf spanisch, Doubleyou?"

El hombre, *ómmbr(e)*. Wieso?

"El hombre mata a la mujer!"

HAMBURG

How to Become an Anglophile

Man soll an seiner Reiseroute nicht allzu stur festhalten. (Reiseroute: ˙itinerary˙, *aitínn-*, nützliches Wort.) Ich meine, wo wir nun einmal in der Bundesrepublik sind, war doch der Abstecher nach Hamburg eine gute Idee, wasn't it? Nach Florenz kommen wir ja immer noch. Hamburg ist nämlich meine Lieblingsstadt, my favourite city, *feĭvrit*. As you know, I have many favourite cities, Basel for instance, and London, and Oxford, possibly also Berlin. Laß es heute bitte Hamburg sein. I love this town. Diese großzügig angelegten Straßen, die Schönheit der Alster und das "Englische" der Menschen hier. Ein Freund von mir, ein echter Berliner – a ˙true˙ Berliner – sagte einmal: "Seitdem ich Hamburg kenne, bin ich anglophil."

The one thing (viel besser als Dein "the only thing") – the one thing a Berliner like me might criticize in Hamburg is the fact that the *Mohnkuchen* here are not as black as they are in Berlin. Die sind hier offenbar mit irgendeinem Mehl gestreckt, nicht so rein und herrlich schwarz wie in Berliner Bäckerläden. This is very sad indeed, for Mohnkuchen are my favourite cake, *feĭvrit*.

Sonst aber ist alles wunderbar. Dieser alte Botanische

Garten hier zum Beispiel, mitten in der Stadt, bezaubernd ist der, mit dem süßen See da links unten –

"Und das, wo Sie kein Naturmensch sind, Doubleyou, da schwärmst Du davon?"

There is a nice coffeehouse in this Botanical Garden, Doosie, durch dessen Fenster man verzückt die schöne Natur betrachten kann – beautiful Nature, *neitsch(e),* sogar bei strömendem Regen. Ein paar Schritte von hier liegt übrigens meine Lieblingsstraße, *feivrit* etc., ganz nah an der Alster, der "Binnenalster". (Falls – ˈin caseˈ you don't know: the Alster is a lovely lake right in the centre of Hamburg.) Diese meine Lieblingsstraße zweigt direkt von Hamburgs berühmtem Jungfernstieg ab und verläuft dann hinter den "Vier Jahreszeiten", Hamburg's best hotel (ˈwith apologiesˈ, "mit Entschuldigungen" – ˈwith apologiesˈ to the Atlantic Hotel, the Inter-Continental, the Ramada Renaissance, et cetera).

Die Häuser meiner Lieblingsstraße sind über hundert Jahre alt, alle in der Gründerzeit gebaut, frei übersetzt: in the Victorian era, *í–r(e),* Ära. Man wollte hier etwas hinstellen, was man damals eine "Prachtstraße" nannte, und so tragen denn die Häuser zahllose großspurige Stuckpilaster, Säulen, Karyatiden, Engel, Atlanten, Sphinxe und andere schreckliche, heutzutage irgendwie, ˈsomehowˈ, schrecklich rührende, touching, Verzierungen. But above all, these houses were built with colonnades, weshalb die Straße Colonnaden heißt.

Sie ist eine Fußgängerzone, a pedestrian precinct, *pri-,* or shopping area (hatten wir schon, ich weiß). As a result, lots of cafés and restaurants have sprung up here – Italian, Chinese, Japanese, Bavarian (bayrisch), Friesian, even an English pub, covering most of the street with their chairs and tables, among all sorts of elegant shops. Ganz nach dem Herzen Ihres/Deines Kaffeehausliteraten also, da können wir uns beide mitten auf die Straße setzen und bei Peking-Ente und Champagner auf die Konsumgesellschaft schimpfen, our consumer society.

Die ganze Straße also, in one word: ˈevocativeˈ, *ivóck-*, wunderschönes Insider-Wort, auf deutsch etwa: nostalgisch-emotional, stimmungs-, erinnerungs- und assoziationsbeschwörend ... EVOCATIVE!

Für *neitsche(e)* ist übrigens auch gesorgt, twenty-five small acacias are growing right out of the pavement-Pflaster at one end of the street, and another twenty-one small trees at the other, with sparrows singing in them, *Spatzen.* Wenn Du mir jetzt nicht endlich glaubst, daß ich ein Naturfreund bin! Und außerdem, was Natur betrifft, *neitsch(e),* gibt es schließlich Dich.

"Stop talking nonsense, Doubleyou!"

Da sind wir. Gefallen Dir die Colonnaden?

"Gorgeous, Doubleyou, *gó–dj(e)s!*"

I live at No. 25, fourth floor, no lift (Amer.: elevator). If there were a lift here, the rent-Miete would be ˈprohibitiveˈ (übersetze ich nicht mehr, Geliebte).

Was sagst Du zu dem Haus? In einer offiziellen Schrift des Hamburger Denkmalschutzamts heißt es über den Stil von meiner Nr. 25:

"... Transalpine Renaissance, hier jedoch auch mit Aufnahme italienischer Palazzo-Motive ..."

Ganz nett als Renaissance-Präludium, wenn auch aus Stuck, für unsere Florenzreise, isn't it? Sieh mal aus meinem Fenster: diese herrlich hohen, begeisternd städtischen Hinterwände der Staatsoper und der große rostbraune Schornstein der Stadtbäckerei. Sogar ein Stück Himmel ist für Dich da, mit echten *neitsch(e)*-Möwen, seagulls.

> Die Möwen sehen alle aus,
> als ob sie Emma hießen.
> Sie tragen einen weißen Flaus
> und sind mit Schrot zu schießen ...
>
> The seagulls by their looks suggest
> that Emma is their name;
> they wear a white and fluffy vest
> and are the hunter's game ...

Die glänzende Übersetzung von Karl F. Ross findet sich in Max Knight, "The Gallows Songs: Christian Morgenstern's Galgenlieder", University of California Press, deutsch und englisch. Ich geb's Dir so genau an, weil Du's Dir vielleicht anschaffen möchtest, it's a *beauty*.

"Da hängt ja der Erasmus von Deinem Freund Edi, Doubleyou!"

Bezaubernd von Dir, Dich an den lieben Edi zu erinnern.

"Und dann, Doubleyou, may I remind you: Wir wollten uns doch hier Deine Schallplatte vom King's College Choir-*kwai(e)* gemeinsam anhören, the Psalms, *sa–mz* –

Quite. Wait a moment. Listen:

Shall we go down again? Hope you don't mind the stairs. The way through the front door of this house is the most beautiful one in the world: it leads us directly (*di-* or *dai-*), in a matter of ten minutes, without meeting a single motor car or crossing any street, to Dammtor Station, where we can take an Intercity train to Basel, and from there to – na, Du weißt schon.

How lovely is nei'tsch(e)-Nature when seen through a coffeehouse window!

Straight from the horse's mouth

Colonnaden

FLORENCE

"Just Knock at It..."

"Was ist denn das für eine häßliche Ziegelsteinfassade an dieser Kirche, W?"

San Lorenzo. They hadn't enough marble in those days, Marmor, or not enough money, to cover all the façades of all the churches in Florence *flórr(e)ns*. Any more questions? Wenn nicht, möchte ich Dich nämlich um einen Gefallen bitten, Quindici.

"Always at your service, sir."

Please close your eyes, mach bitte die Augen zu und gib mir Deine Hand, ich führe Dich. Wir gehen nämlich in diese San-Lorenzo-Kirche hinein. Es hat wirklich keinen Sinn, daß Du Deine Augen an all dem Marmorprunk da drinnen kaputtsiehst. I'll lead you through two sacristies to a third one, with your eyes closed. Agreed?

"Agreed."

Vorsicht, Stufe. Jetzt noch mal. So, jetzt geradeaus, ·straight ahead·, wir sind gleich da.

You may stand still now, darling. Please open your eyes.

Michelangelos "Morgen". Schlaftrunken liegt sie da, mit herrlichen, leicht geöffneten Schenkeln reckt sie sich in den dämmernden Morgen hinein, diese männlich starke Frau auf dem Sarkophag des Lorenzo de' Medici. This is what Plato called "Eros": the Act of Creation.

Du befindest Dich in der Neuen Sakristei der Mediceerkapellen, with its two Medici tombs, *tu–mz*, Grabmalen, each bearing two grandiose allegoric figures, Morning and Evening, Day and Night. Der Höhepunkt der Renaissance, die sich bei Michelangelo wie eine gewaltige Welle überschlägt und in die schwellenden Formen des Barock übergeht. Das erinnert an Beethoven, der drei Jahrhunderte später ebenfalls den Stil seiner Zeit mit Macht durchbricht. And after these two, after Michelangelo and Beethoven, there were mostly imitators.

Ich sollte Dir diesen Höhepunkt der Renaissance eigentlich zuletzt zeigen – sorry, but I couldn't wait.

Nach diesem dramatischen Wogenschlag ganz die Ruhe wie bei Bach: Laß uns einen viel früheren, einen engelhaften Maler sehen, an angelic painter: Fra Angelico, a monk, Mönch, who lived in the early 15th century. In his monastery-Kloster San Marco, there is most of his deeply religious, tender (delicate), weightless and luminous art: his frescos in the individual cells. Doch am schönsten sind wohl seine Miniaturbilder im Erdgeschoß des Klosters, keines mehr als 40 Zentimeter breit und hoch. Seine "Flucht nach Ägypten" zum Beispiel, his "Flight to Egypt", *i–djipt*: Diese Farben! Maria, mattblau, mit dem Jesuskindlein in strahlendem Rot auf dem herzigen graubraunen Esel, und der Joseph in sattem, goldgelb leuchtendem Gewand brav neben dem Esel einhermarschierend, vor ockerfarbenen Bergen mit süßen kleinen Staubwedel-Bäumchen darauf. Ein Bild zum Verlieben. But you're free to choose another one of Fra Angelico's miniatures to fall in love with: there are over thirty here – for instance, the enchanting (fascinating) "Baptism of Christ", again in pale blue, brilliant red, ochre and golden yellow.

Too much art talk, Doosie? Florenz ist nun einmal eine Stadt der Kunst, der Renaissancekunst. But let's walk through the streets, from Fra Angelico's San Marco down to the Uffizi, the great art gallery.

Der Dom. Brunelleschi's dome (Kuppel!), Florence's ˙landmark˙, Wahrzeichen, was epoch-making at the time, ca. 1430, and served Michelangelo as a model for his gorgeous dome of St. Peter's. Die Kuppel, die hier in Florenz gleichsam noch eine Mütze ist, wenn auch eine sehr schöne, ziegelrot und weiß, die wird in Rom auf dem Wege von Brunelleschis Frührenaissance zu Michelangelos Hochrenaissance zu einer gewaltigen Krone.

Nun sieh Dir einmal die Domfassade an, mit den Hunderten von Touristen, die bewundernd vor ihr stehen. It's simply ˙ghastly˙, *gá–stli* (hatten wir schon), mit dieser Unzahl von Pfeilern, Säulen, Figuren und Rosetten, alle vor etwa hundert Jahren en masse fabriziert – zu einer Zeit, wo *alles* gemacht werden konnte.

But when you can do everything, you can actually do nothing; you develop no style, no genius. Florenz und die Florentiner Renaissance sind ein Denkmal einer Zeit, in der der Mensch *nicht* alles machen konnte, but *tried* to do it: as in the glorious 1400s, the "quattrocento", and the equally glorious 1500s, the "cinquecento", the two centuries of the early and late Renaissance.

This was the town, and these were the times not only of painters and sculptors like Michelangelo, Leonardo, Raphael und Botticelli, but also of men like Galileo Galilei, Machiavelli, Savonarola, the reformer, and earlier, Boccaccio and Dante. What a town! The cradle of modern times, die Wiege der Neuzeit.

Müde, Quindici? Von hier aus sind es nur ein paar Schritte zum Baptisterium, der kleinen Taufkapelle mit ihren berühmten Bronzetüren. Die Bronzereliefs der einen Tür, gerade gegenüber der Schreckfassade des Doms, bezeichnen nach allen Kunsthistorikern – ·according to· all art historians – den Anfang der Renaissance wegen ihrer "Zentralperspektive" (whatever that is) und der freien, emanzipierten Behandlung des menschlichen Körpers. The door was made by Lorenzo Ghiberti who worked on it for twenty-seven years in the quattrocento. Michelangelo is said to have called it worthy, würdig, of being "the gate to Paradise", weshalb diese Tür allgemein die "Paradiespforte" genannt wird.

If you ask me – wenn Du mich fragst, Doosie, dann weiß ich nicht recht. Dieses perspektivisch gedrängte

Menschengewimmel auf flachem Relief, noch dazu vergoldet, wirkt auf mich wie zerknittertes Stanniolpapier. Aber sieh Dir den *Rahmen* um das Ganze an – that splendid frame with its masterly bronze statuettes and ornaments. Und dann, außen um den Rahmen herum, die großartige Blumen- und Tiergirlande: Sieh mal dort rechts, etwa in Höhe Deiner Nasenspitze, das entzückende Eichhörnchen, the squirrel, *skwírr(e)l* – ist das nicht ein süßes englisches Wort? Ich schenk es Dir.

"Thank you, Doubelyou. Dafür kriegst Du "Eichhörnchen" von mir, ist ja auch ein süßes Wort."

I'll ˑcherishˑ it, ich werde es lieben, hegen und pflegen (all this is ˑcherishˑ, *tschérisch*). But mind the dog droppings in the street, Doosie, oder geradeheraus gesagt: mind the dogshit. The streets are full of it. Schade, man muß in Florenz fast immer nach unten sehen und aufpassen, daß man nicht hineintritt, statt oben die Renaissancepaläste bewundern zu können. Hope there will be some change in the future.

Piazza della Signoria. Der mittelalterliche (medieval, *medií–vl*!) "Platz der Herrschaft", mit dem herrlichen Regierungspalast, dem Palazzo Vecchio, built around 1300, sombre-düster and imposing. On the other hand, the famous Loggia dei Lanzi, opposite the Palazzo Vecchio, gegenüber, *ópp(e)zit*, doesn't impress me very much: Erstens erinnert sie mich zu sehr an die von den Nazis mißbrauchte Feldherrnhalle in München (beide Bauten können nichts dafür), und zweitens ist sie – man sieht's ja durch die Hallenbögen hindurch – mit allerlei erstklassigem antikem und anderem Skulpturenkram vollgestopft, like an antique shop. You may be of a different opinion, Doosie.

"Dieser nackte Bronze-Mann da links ist ja recht sexy, aber den abgeschlagenen Frauenkopf, den er da triumphierend emporhält, mit tropfendem Blut noch dazu, den hätte er sich ersparen können."

Perseus und Medusa, darling, hochberühmt, three asterisks, Benvenuto Cellini, a bloody-*bláddi* masterpiece.

So, jetzt gehen wir seitlich an der "Feldherrnhalle" und auch an den Uffizien vorbei, hinunter zum Arno, damit Du den Ponte Vecchio siehst, die bekannte Ladenbrücke über den Fluß. Etwas weiter rechts, bei der unendlich edel geschwungenen Ponte Santa Trinità, soll Dante zum ersten und wohl einzigen Mal seine Beatrice gesehen haben. She was probably ·a mere· (only) twelve years old, if the girl, Dante's immortal love, ever lived at all. In his "Divina Commedia", thinking of her, he writes this mysterious and famous line:

Amor ch'a nullo amato amare perdona

"Liebe, die keinem Geliebten das Lieben erläßt." Dante-Forscher zerbrechen sich noch heute den Kopf über diese Worte, they rack their brains over their meaning. Vermutlich bedeuten sie dies: Ein Mensch, der heiß geliebt wird, der wird ebenfalls lieben müssen – aber vielleicht einen anderen. So you'll have to love *someone*, Doosie ...

Die Uffizien. If Michelangelo reminds one of Beethoven, and Fra Angelico of Bach, then Botticelli is the early Mozart. Here are his two most celebrated (famous) works, La Primavera (the Spring) and the Birth of Venus, both about three metres wide, breit: anmutig, lieblich, mozartisch beflügelt, die Linien gestrafft, fast gedrechselt, die leicht dahinschwebenden Figuren herausziseliert wie aus getriebenem Silber. "Just knock at it", sagte einmal ein bekannter englischer Kunsthistoriker – "just knock at it, and you'll see that it is chased silver: a Botticelli."

Das ist der frühe Mozart. Und der späte, der oft melancholisch-mystische: Leonardo da Vinci, with his magic colours, shadows, lines. Look at his marvellous half-finished Adoration of the Magi, *meïdjai*, Anbetung der Könige, und spiele dazu Mozarts dunkel verschleiertes, wehmütiges Streichquintett D-dur, KV 593.

Schaffst Du noch ein Gemälde? Can you ˙cope with˙ one more painting? I mean Titian, *tischn* (lach nicht, Doosie!). We've seen Manet's Olympia in Paris, Goya's Nude Maja in Madrid, and Velazques' Rokeby Venus in London, but Titian's Venus of Urbino surpasses them all, *s(e)pá–siz*, übertrifft sie alle.

"Man sollte Kunstwerke nicht vergleichen wie Eierkuchen, Doubleyou!"

Thank you for correcting me, Doosie. Übrigens fand Mark Twain diese nackte Tizian-Venus "the foulest, the vilest, the obscenest picture the world possesses". Perhaps he was joking or just ˙debunking˙, "den Nimbus nehmend". Anyway, "obscenest" he says, because of her left hand, bei der man in der Tat nicht recht weiß, ob sie als Feigenblatt dienen soll, as a fig leaf, oder ob sie da unten nur mal eben so'n bißchen krault.

Aber jetzt gehen wir. Stehen uns jetzt schlaflose Nächte bevor, wegen all der Raffaels, Giottos, Correggios und (herrlichen) Ghirlandajos, die wir nicht gesehen haben? Never mind, ˙forget about it˙! Ich schlage "La Loggia" vor, ein Restaurant am Piazzale Michelangelo auf der anderen Arno-Seite. Wunderbare Aussicht auf die Türme und Kuppeln der Stadt und auf die sanften Hügel der Toskana. Let's have a ˙substantial meal˙ there, eine kräftige Mahlzeit. Weiß Gott, Du hast es verdient – God knows, you ˙deserve˙ it, *dizö–v.*

"I think I do, Doubleyou, after all the *tischnz* and *maik(e)ländj(e)louz.*"

Kunst strengt an, Doosie. Wissen Sie übrigens, was in Florenz das größte Kunsterlebnis meines Lebens war und ist? Darf ich Dir das – hallo! Taxi! – may I tell you on our way to the Piazzale Michelangelo?

Ich war etwa sieben Jahre alt. Meine Eltern waren in den Ferien mit mir in die Toskana gereist, Montecatini Terme, und von da aus hatten wir einen eintägigen Ausflug nach Florenz gemacht. In Florence, quite near the Ponte Vecchio, there was a little shop selling electric equipment, so etwa wie der Laden von Señor López in Madrid, mit dem Bügeleisen, remember? In der Mitte des Schaufensters aber – o Wunder! – in the middle of that shop window there was a big china vase, Porzellanvase. This vase contained twelve large red roses, likewise made of china, each one illuminated, strahlend rot von innen erleuchtet, von unsichtbaren elektrischen Birnen, bulbs. I was shaken to the bone, bis aufs Mark erschüttert. Glaube mir, Doosie, es war und ist das größte künstlerische Erlebnis meines Lebens: Alles in mir jubilierte wie nie zuvor; even the Sistine Chapel, many years later, wasn't quite the same. Das einzige, was meine grenzenlose Glückseligkeit, bliss, leicht überschattete, war die ziemlich schwache Begeisterung auf seiten – ˙on the part of˙ my parents.

"Mit *meiner* Begeisterung kannst Du rechnen, Doubleyou, you can count on it, aber bitte bezahle erst mal das Taxi!"

P.S.

Schöner Blick von diesem Piazzale Michelangelo, oder? So, und jetzt gehen wir in die "Loggia" und suchen uns etwas Schönes zum Essen aus, zum Beispiel:

1. ein Eichhörnchen, à la anglaise bitte. Na? (It's in the garland, Girlande, of Ghiberti's "Paradise Gate".) Süßes Wort. Antwort folgt umgehend, nach Nr. 5.

2. "Mit Liebe hegen und pflegen", das von Dir geschenkte Eichhörnchen nämlich. Ich habe nur diese wortreiche Übersetzung für ein einziges, wunderschönes englisches Wort.

3. "Nach" allen Kunsthistorikern ist ... usw. – also "laut", "gemäß". Nur dieses Wort bitte – auf englisch zwei Wörter.

4. Ein Hundert-Dollar-Wort: eine Sache "schaffen", damit "fertig werden", ihr "gewachsen sein", sie "verkraften". (Ich fragte Dich: "Can you ... with one more painting?)

5. "Ein kräftiges Essen".

The answers: 1. a squirrel, *skwírr(e)l.* 2. to cherish. 3. according to ... 4. to cope (with something). 5. a substantial meal. As I said, you deserve it after all my Renaissance talk.

"Eine dumme Frage, Doubleyou: Was *ist* nun eigentlich die Renaissance?"

Hast Du das wirklich gefragt, Quindici, oder habe ich Dir das in den Mund gelegt? Well, anyway, you may have learnt in school that "renaissance" means "rebirth", Wiedergeburt, i.e. (d.h.) the rebirth of Greek and Latin forms in sculpture, architecture, and literature. (Pronunciation: *rineiŝ(e)ns* or *rénn-*.) In Kunstbüchern heißt es zum Beispiel, daß die Köpfe im Rahmen von Ghibertis berühmter "Paradiespforte" alten römischen Büsten nachempfunden sind und daß Donatello als erster eine nackte Statue nach griechischem Vorbild schuf – und so weiter, im Grunde also ziemlich langweilig.

But this is not the whole story. In reality, the Renaissance means a new freedom of thought and action, an outburst ("explosion") of individualism, and an infinite curiosity, Neugier, about all things human. ·Hence· (therefore) "Humanism". And then – I think I said so before – in the Renaissance there is "Eros" everywhere, as against the misanthropic asceticism of the Middle Ages. It all started in Florence; but Luther is also a "Renaissance figure", and so is Shakespeare.

Etwa so. Zufrieden?

"I'm quite satisfied, sir. Noch etwas: Hätten wir nicht in den Palazzo Pitti gehen sollen? Mein Reiseführer sagt –"

Under no circumstances, Doosie, bloß nicht. Den Palazzo selber haben wir ja von außen auf unserem Weg hierher gesehen, ist ja ein großartiges Ding. But that's enough. The gallery inside is a ·nightmare·, ein Alptraum: bis zur Decke hin mit Ölbildern vollgespickte Prunkräume, one painting suffocating the other (to suffocate: ersticken), even if there are some great paintings, for instance two or three madonnas by Raphael. Seine "Madonna mit dem Stuhl" oder "Madonna della sedia" ist schon eine ganz große Sache. Und dennoch, Doosie, bitte den Palazzo Pitti lieber nicht, man wird bildblind dort.

Aber was meinen geliebten Eros betrifft, so sollten wir eigentlich in die "Accademia" gehen, genauer in die "Galleria dell'Accademia", in der Michelangelos David steht. Wenn Du Dich an dieser herrlichen, vom 26jährigen Michelangelo aus einem einzigen riesigen Marmorblock gehauenen Jünglingsfigur satt gesehen hast, dann gehen wir in demselben Gebäude zu seinen halbfertigen "Sklaven", die er mit ungeduldigem, frenetischem Meißel gleich gewaltigen Weltenträgern in den Marmor stieß; übrigens für das unvollendete Grabmal von Papst Julius II., the poor half-amputated chap over Michelangelo's "Moses" in Rome – remember? To me, these four unfinished "slaves" are the last word in sculpture. True, there have been great sculptors afterwards, Rodin for instance, but they have never surpassed this, nie haben sie dies übertroffen.

"Rodin, ja. Und was sagst Du zum Beispiel zu Beuys oder Hrdlicka, Doubleyou?"

Wirkliche Künstler, Doosie, beschäftigen sich heutzutage sehr selten mit Kunst. They go into other fields, electronics for instance, or medicine, or astronautics.

"Du bist ein Banause, W. What is 'Banause' in English?"

A ˙philistine˙, darling, *fillistain*. Sonst noch eine Frage, Geliebte?

"Frag nicht so maskulin gönnerhaft von oben herab, W!"

˙patronizing˙, Doosie! Ein Geheimtip-Wort, grob und tolpatschig übersetzt: "maskulin gönnerhaft von oben herab".

"Thank you for 'tolpatschig', Doubleyou dear, and give me some more of that Chianti, please."

AFTER GHIBERTI

Your Squirrel

Palazzo Vecchio and Brunelleschi's dome

VENICE

Skipping the Three T's

This is a ‛flying visit‛, Doosie, worunter man im Englischen eine "Stippvisite" versteht. But it is a "flying" visit in yet (also) another sense: Wir sind hierher geflogen, werden im schönsten Hotel Venedigs wohnen (the Danieli – we can afford it) und werden morgen früh wieder abfliegen. Denn eine traumhaft unwirkliche Stadt wie diese sollte man auch wie im Traum sehen: briefly, *brí-fli*, kurz, and intensely (nicht, Doosie, "inten*sively*"). I hope you agree, Quindici. Let Venice, *vénnis*, just be a mirage-*mira(sch)*, a fata morgana, this "most improbable of cities", diese "unwahrscheinlichste der Städte" (Thomas Mann, Der Tod in Venedig).

From here, from the airport, we'll take a motorboat, to bring us straight to the Piazza di San Marco, with the Doge's palace *(doúdjiz)*, the Byzantine cathedral, the Campanile, the Bridge of Sighs – the most amazing of all landing places . . .

> . . . den erstaunlichsten Landungsplatz, jene blendende Komposition phantastischen Bauwerks, welche die Republik den ehrfürchtigen Blicken nahender Seefahrer entgegenstellte, die

leichte Herrlichkeit des Palastes und die Seufzerbrücke, die Säulen mit Löw' und Heiligem am Ufer ... (Der Tod in Venedig)

... that landing-place that takes the breath away, that amazing group of incredible structures the Republic set up to meet the awe-struck eye of the approaching seafarer: the airy splendour of the palace and Bridge of Sighs, the columns of lion and saint on the shore ... (Death in Venice, translated by H. T. Lowe-Porter, Penguin Books)

An diesem "erstaunlichsten Landungsplatz" lassen wir unser Boot anlegen, das Hotel Danieli ist gleich rechts daneben, da können wir unser *lággidj*-luggage abstellen und dann auf dem Markusplatz spazierengehen, dem traumhaften. We'll see no museums, no galleries this time, ·no nothing·, we'll just dream dreams on San Marco and in the streets and canals nearby. There are lots of Titians, Tintorettos and Tiepolos here – the three T's, the Venetian School – but we'll ·skip· them all: Du hast ja Tizians göttliche Venus von Urbino in Florenz gesehen; Tintoretto ist nur wenig mehr als ein höchst begabter Routinier; und Tiepolo, ein ganz Geriebener, ist – well, he is a smart producer of exquisite cover-girl madonnas on the ·conveyor belt·, am Fließband. Venedig war eben einmal reich und mächtig, Kunst war ein wichtiges Macht- und Prachtsymbol, und folglich gab es große Maler, wie es etwa heute große Raumfahrttechniker gibt.

"You're repeating yourself, Doubleyou. Soll ich das etwa aufschreiben, als Teil Deiner gesammelten Werke?"

It will be enough if you learn it by heart, darling, auswendig. Well, anyway, here is the Doge's palace. This, I feel, is one of the world's finest buildings. Architekten befolgen ja meistens die Regel: "unten schwer, oben leicht". Hier ist's umgekehrt, ˙the other way round˙: zuoberst ein schwerer, aber unglaublich eleganter Marmorkubus in gelblichem Rosa, und unten ein federleichtes Filigranwerk von tragenden Säulen und Arkaden. Ein bezauberndes Spiel mit der Schwerkraft, an enchanting play on gravity. Experts say the palace is Gothic. I ˙can't help˙ feeling that it is a timeless masterpiece. In fact –

"– wollen wir nicht endlich hineingehen?"

For God's sake, no, Doosie, um Gottes willen! All these Tintorettos and Tiepolos inside, including one Tintoretto twenty-two metres ˙wide˙, breit! Aber laß uns nebenan in die Markuskirche gehen. Von außen sieht sie ja wie ein märchenhaftes Riesenspielzeug aus oder wie ein byzantinisches Karussell, a merry-go-round. But the interior! The whole church, with thirteenth-century mosaics, *mouzeïks*, covering it all, is one grand symphony in gold. The Venetians rightly call their cathedral "il Duomo d'Oro", der Dom aus Gold.

Fast reicht das für unseren Traum. Laß uns nur noch

ein wenig durch die schmalen Gassen über die schön geschwungenen Kanalbrücken gehen, vorbei an den "Campi", den typisch venezianischen, reizend lebendigen Plätzen dieser Stadt. Kein Auto weit und breit! Und dann gehen wir zurück zum Markusplatz, zum klassischen Café Florian.

"Kaffeehausliterat!"

Indeed. While I'm writing this in Café Florian right on St. Mark's Square, you're free to take a "vaporetto", one of those Venetian water buses, and look at each and every palazzo along the Grand Canal. You'll pass about two hundred of them – Romanesque, Byzantine, Gothic, Renaissance, and a bit Victorian – plus seven churches. Will that 'do'?

"Doubleyou, könnten wir nicht in einer Gondel –"

I'm a little afraid of these pitch-black things, pechschwarz, with their macabre look. Schon Goethe verglich die venezianische Gondel mit einem Sarg, dann tat Thomas Mann das gleiche, und was den englischsprachigen Raum betrifft –

> We reached Venice at eight in the evening, and entered a hearse (*hö–s,* Leichenwagen) belonging to the Grand Hotel d'Europe. At any rate, it was more like a hearse than any thing else, though to speak by the card (genaugenommen), it was a gondola. And this was the storied (sagenumwobene) gondola of Venice!

So Mark Twain in "The Innocents Abroad", 1869, ein ebenso klassisches wie köstliches ('delightful') Reisebuch durch Europa. Perhaps a book for you?

Doch, doch, Doosie, 'by all means', natürlich sind diese Gondeln bezaubernd, enchanting, *intschá-*. Aber ich bleibe lieber in meinem Café Florian, *florián,* and I'm in good company: Hier hat bereits Casanova gesessen, und Lord Byron, der schon vor 170 Jahren über das drohende Verschwinden Venedigs in den Wassern klagte –

> Oh Venice! Venice! when thy marble walls
> Are level with the waters, there shall be
> A cry of nations . . .

– und dann saßen hier im Florian auch Richard Wagner, Manet, Mark Twain natürlich auch, und Balzac, der dieses Café wie folgt beschreibt: "Börse, Lesesaal, Klub und Beichtstuhl, alles in einem" – all 'rolled into one'.

Was? Du kommst *doch* mit zum Florian, Doosie? How sweet of you!

"Können wir nicht hierbleiben, W? Ich möchte so gerne ein paar Tage am Lido in der Sonne braten und faulenzen – please!"

I have a much better place for you, Doosie. Bei dieser schon etwas herbstlichen Sonne – with this somewhat autumnal sun the Lido can be pretty chilly (cold).

"What other place, Doubleyou?"

Tell you right away, if only you'd give me two minutes for the 'briefest' PS we ever had:

"Stippvisite" (to Venice) ...... flying visit.

"Fließband" (Tiepolo painting on the ......) conveyor belt.

"Karussell" (St. Mark's Cathedral) ...... merry-go-round.

"pechschwarz" (the gondolas) ...... pitch-black.

"Der Dogenpalast ist eines der schönsten Bauwerke der Welt": bitte um "eines der schönsten", diesmal ohne das ewige "beautiful" ...... one of the ˙finest˙.

Und nun auf nach –

SAMOS

Writing a Letter or Two

So, Doosie, jetzt können Sie am Strand braten und faulenzen soviel und solange Sie wollen, there are small beaches in almost every direction for you to get a good ·tan·, schöne braune Haut. This is one of the warmest and greenest of the Greek islands, because it's so close to (near) the Turkish mainland, Festland. It's no more than about eight kilometres between Samos' southeast coast and Turkey's Anatolia.

Ist der Blick über die See auf die türkischen Berge nicht hinreißend? Those changing colours in the course of the day, simply gorgeous.

"Yes, *gó–dj(e)s*, Doubleyou!"

Und die Einfahrt mit unserem Schiffchen heute morgen, die Berge von Samos vor uns, zwischen den anderen Inseln hindurch – this entry alone was worth the whole journey, wasn't it? Und dann die Taxifahrt hierher, aus dem windigen Samos-Vathi an die milde, geschützte Südostküste, in dieses süße Pythagorion mit seinen schönen weißgekalkten, whitewashed, Häusern. Earlier, ·I understand· (habe ich gehört oder einfach: "soll") – earlier, I understand, Pythagorion was called "Tigani", a name that comes from the Greek "teganon", German "Tiegel", Pfanne, saucepan, because the little harbour here, der Hafen, is round like a saucepan. It's now called Pythagorion after Pythagoras who was born here some 2500 years ago.

Erinnerst Du Dich noch aus der Schule an den Satz des Pythagoras? The one thing I remember is this:
$a^2 + b^2 = c^2$
Please read that in English, darling.

"Ich denke ja gar nicht daran, bei der herrlichen Sonne."

Well, I'll do it for you: *ei* squared plus *bi* squared equals *si* squared.

Ist doch ein kleiner Unterschied hier zu der mit Touristensilos verbauten Costa del Sol! I love this little town with its "saucepan" harbour and, farther off, its olive groves and terraced vineyards, *vínnj(e)dz*, Weinberge. Ländlich primitiv und städtisch zugleich, mit Kaffeehäusern und einem guten Hotel! "Having it both ways" – remember, Doosie? Let's be grateful.

Der Zeitungskiosk hier rechts, the newsstand: Die liebe Sylvia, eine gute Freundin, die vor sechs Jahren hier war, erzählte mir, daß der kleine Mann da drin mit seinen Zeitungen, Zigaretten und Zahnbürsten der Bürgermeister von Pythagorion ist, the mayor, *mé(e)*. Let's treat him with due respect ("due": with the respect he deserves).

Ich sehe das alles mit Dir zum erstenmal, auf meinen Emigrantenwegen bin ich hier nicht vorbeigekommen, wenn ich viele dieser griechischen Inseln auch im

Schweiße meines Angesichts zu übersetzen hatte. I had to translate a Swedish book into German, the author of which was a passionate sailor in the Aegean Sea, *idjí-(e)n*. The good man kept talking about his beloved sailing boat whose (you can't say "which's") – whose every ˈblastedˈ (damned) technical detail I had to translate without having ˈthe faintest ideaˈ, die blasseste Ahnung, of the corresponding German ˈtermsˈ, *tö–mz*, (Fach)Ausdrücke. It was ˈa sweatˈ, *swett*, "ein Schweiß", eine Maloche. Und dann, nach dieser schiffbautechnischen Orgie, segelte mein guter Schwede fröhlich und munter, blithely, von einer Insel zur anderen, auch nach Samos, und beschrieb ebenso fröhlich und munter, blithely, alle ägäischen Winde mit ihren speziellen nautischen Namen, und dazu alle entsprechenden, corresponding, Stellungen und Bezeichnungen seiner ˈblastedˈ Vorder-, Mittel-, Zwischen-, Unter- und Hintersegel, all of which I had to translate without having ˈthe faintest ideaˈ of what they were called in German. Wie ich diese Inseln haßte und die Schweden und die Welt! For two ˈdeutschmarksˈ a page. Well, Doosie, it's all over now. Thanks to you.

Vorher hatte ich mit den griechischen Inseln während meines Abiturs Bekanntschaft gemacht. (Abitur: schwer zu übersetzen, das ungefähr Entsprechende für "sein Abitur machen" wäre in England: "to take A-levels".) Anyway, for the "Abitur" we had to translate, from Greek, what I later ˈlearnedˈ (erfuhr) was a famous story told by Plutarch: Greek sailors were held up (stopped) by a long-lasting calm, Windstille, not far from a small green island in the Aegean Sea. Eventually (schließlich!) they were without food and drink, desperate and exhausted, *igzó–stid,* erschöpft. It was then that they heard a mighty voice from the small green island saying "Pan is dead". Gott ist tot.

Das ist ungefähr alles, about all, an was ich mich nach sieben Jahren Griechisch erinnern kann. Man hätte diese Geschichte auch auf deutsch lesen können. Allerdings: Balduin, unser Griechischlehrer im Prinz-Heinrich-Gymnasium, ein ehemaliger U-Boot-Reserveoffizier aus dem Ersten Weltkrieg, der immer noch in seiner abgetragenen marineblauen Uniform mit speckig glänzendem Hosenboden herumlief, auch noch mit Gänsefeder und Streusandbüchse in Goethes schwungvollen Schriftzügen schrieb und sich später als alter Parteigenosse der Nationalsozialistischen Partei entpuppte – sorry, Doosie, about this long sentence –, der belehrte uns, daß Griechisch wichtig sei, denn es helfe uns, Wörter wie Thermometer zu verstehen. Mich enttäuschte das schon damals mit elf Jahren ein wenig: seven years Greek for that!

Doch, ja, *etwas* habe ich in diesen Jahren offenbar doch gelernt: Als wir auf dem Schiff hierherfuhren, Du und ich, und ich auf die Toilette mußte, stand auf der einen Toilettentür, in Greek letters, "GYNAIKON", also etwas Gynäkologisches, and on the other door "ANDRON". I think I entered the right door. So, after all, those seven years were not completely wasted.

"Mein Reiseführer sagt, daß Herodot, 'ältester griechischer Geschichtsschreiber, 5. Jahrhundert vor Christus', die drei technisch großartigsten Bauwerke Griechenlands hier vorgefunden habe: die Mole von Pythagorion, den großen Wasserleitungstunnel von Eupalinos fünf Minuten von hier, und das Heraion, den riesigen Hera-Tempel ganz in der Nähe, alles von Polykrates erbaut."

Das ist der Mann mit dem Ring, Doosie: "Er stand auf seines Daches Zinnen, / Und schaute mit vergnügten Sinnen / auf das beherrschte Samos hin . . ." Schiller. According to Herodotus and, of course, Schiller, Polycrates was so rich and happy that he feared the envy, *ennvi*, Neid, of the gods. To avoid that envy (to get away from it), he threw an enormously valuable ring into the sea – only to find the ring next day in the maw (stomach) of a fish he was going to eat. Hier wendet sich der Gast mit Grausen: "Mir grauet vor der Götter Neide; / Des Lebens ungemischte Freude / Ward keinem Irdischen zuteil . . ." Der gute Polykrates wurde dann auch tatsächlich, in fact, nach griechischen Quellen auf einem der gegenüberliegenden Berge grausam ums Leben gebracht.

Was machen wir da, Doosie, wo wir so glücklich sind? Your ring perhaps – but I don't trust the fish hereabouts. Shall we quarrel instead, have a real fight to avoid the envy of the gods? Perhaps over this:

I'm perfectly willing to go with you to Polycrates' mole, preferably in the evening, to see the glorious sunset shades of the mountains opposite. But I'm *not* going to see that blasted tunnel built by P., nor the ruins of his Temple of Hera: we'll see enough temples in Athens ·in due course· (at the proper time, later on). ·As far as I'm concerned·, was mich betrifft, so werde ich mich jetzt in ein "Kafenion" begeben, ein Café. Pythagorion ist ja, wie Griechenland überhaupt, voller Kaffeehäuser. These coffeehouses, ·I understand·, are the centre of Greek life, und das paßt einem Kaffeehausliteraten wie mir natürlich ganz vorzüglich: it's ·just what the doctor ordered·.

"Bist Du mir böse, wenn ich allein dahin gehe, zu diesen Bauten, und zwar right away? Ich walke-*wállk(e)* doch so gern, darling."

Kein Zank, kein Streit – no quarrel, no fight, no nothing, Doosie? Fürchtest Du nicht den Neid der Götter, oder bist Du nicht so grenzenlos glücklich wie ich?

"Touch wood, Doubleyou!"

Afterwards, when you're back, Doosie, do come to my Kafenion, the one down there by the harbour, with the tamarisks. Ich werde mich dort inzwischen mit den Dutzenden von Kaffeezubereitungsarten vertraut machen, ·familiarize myself with· the dozens of different ways of preparing a cup of coffee, die es hierzulande gibt, immer mit dem Kaffeesatz, the coffee grounds, noch in der Tasse. Moreover, darüber hinaus aber, Geliebte, when you return to ·join· me in my Kafenion, I suggest that you *write down* what you've seen, in

English please, and I'll correct it with[1] little[2] notes[3], like this.

"I'll be off now, Doubleyou. Bless."

Wo hast Du "bless" her, Doosie, dieses so liebevolle, ganz englische "(God) bless (you)", Gott segne Dich? Ach so, Du bist schon weg.

Dear Doosie,
Sitting in the Kafenion by a tamarisk in the September sun, and overlooking the sea and the mountains in the changing light of the afternoon, a *Kaffeehausliterat* feels like writing this letter to you. When, a few seconds ago, I saw you walking away with your lovely head upright like the flame on a candle, Kerze, and with that gentle and resolute ·gait· of yours (gait: manner of walking), I thought of the days and weeks that have gone during our holiday, of the things said and unsaid, and I feel but one thing: I love you.

When you come back, Doosie, do tell the waiter you want your coffee *métrios*, "medium": strong, not too much sugar. Or do you want it, just for fun, *varís glikós*, strong and very sweet, or *skétos*, no sugar at all?

I'm ·dying to· know the kind of coffee you'll choose, ich sterbe vor Spannung. Which is another way of saying the three words I've said before.

Bless!
Doubleyou

P.S.

Dear Doubleyou,
while[1] you were drinking[2] your coffee, I went to see the Tunnel of Eupalinos. It was built by our friend, the tyran[3] Polycrates during the sixth century B.C.[4] – please excuse that I use[5] a German tourist guide as a help.

The tunnel, about two meters[6] high and 1 km long, was getrieben[7] right through the mountain to carry water from a natural Quelle[8] to the city. I didn't walk very far into the tunnel, for[9] the stuffy smell in it was unerträglich[10] and the earth[11] was very slippery. Frankly, I beneidete[12] you in your coffeehouse and quickly went out to get some fresh air.

The famous Temple of Hera, about one hour[13] walk from your "Kafenion", was one of the seven Miracles[14] of the old[15] world and the biggest[16] temple in Greece, with hundreds of columns ten or more meters high. Yet when I was there I have seen[17] only one column, the whole area being monotonous[18] and sumpfig[19]. But the view from there over the sea to the Turkish coast is gorgeous, *gó–dj(e)s.* We must go there some time and enjoy it together. "Togetherness", remember?[20]

Bless!
Single-you

Du hast also Deinen Kaffee *métrios* bestellt, sweet Doosie. Man gewöhnt sich – one gets used to the coffee grounds in the cup, doesn't one?

1. "while": Trotz des vorhergehenden Anrede-Kommas, Briefe immer mit einem großen Buchstaben anfangen, also: While. Sorry, I know I'm a pedant.
2. "drinking": Eleganter wohl "having".
3. "tyran": tyrant, mit einem *t* am Ende, *taïr(e)nt*.
4. "B.C.": Gratuliere zu Deinem "B.C.", before Christ. Und was heißt "*nach* Christus"? . . . . . . A.D. (anno Domini).
5. "excuse that I use": excuse my using.
6. "meters" is American spelling, and you're perfectly free to use it. The British spelling is "metres", à la française.
7. "getrieben": driven.
8. "Quelle": spring.
9. "for . . .": Bravo! Nicht dieses ewige "because"!
10. "unerträglich": unbearable, *-bär-*.
11. "the earth": Besser "the ground".
12. "beneidete": I envied you, *énnvid*. "Envy", Neid, hatten wir ja schon bei Polykrates. The envy/to envy – dasselbe Wort, wie so oft im Englischen.
13. "one hour walk": one hour's walk.
14. "Miracles": Gratuliere zu Deiner "Fremdwortmethode" mit "Mirakel"! Immer schön altbekannte Fremdwörter heranziehen, als Notbehelf, ˙makeshift˙. Allerdings, in diesem Falle heißt es bei den

sieben Weltwundern nun einmal nicht "Miracles", sondern "Wonders". Never mind, Doosie, everybody will understand you.

15. "the old world": Eleganter und gebräuchlicher: the ancient world, *einsch(e)nt*, denk ans Ancien régime. Überhaupt wird "ancient" immer für "alt" in Verbindung mit dem klassischen Altertum gebraucht: "ancient Rome and Greece", "the ancients".
16. "the biggest temple": Eleganter: the largest temple; "big" ist hier ein bißchen zu prosaisch.
17. "I have seen": I *saw*! Das im Deutschen so häufige "habe" fällt im Englischen bei definitiv Vergangenem weg, wie Du wohl schon aus der Schule weißt – oder? Sehr häufiger deutscher Fehler, erweckt bei mir Heimatgefühle.
18. Gratuliere nochmals zu Deiner "Fremdwortmethode". Erstens Dein "area" (Areal!). Das beste Wort für "Gelände" wäre hier übrigens wohl: ˙site˙. Und zweitens Dein "monotonous", wo Du wohl etwa "öde und leer" sagen wolltest. Am besten hier wohl: desolate, *dés-*. But again: never mind, everybody will understand you.
19. "sumpfig": swampy, *swómpi*.
20. Yes, darling, I do.

Ich habe Dir übrigens *auch* einen Brief geschrieben, Doosie, here in the Kafenion, although it's not as informative as yours.

"Hab schon gelesen, Doubleyou. Toll! Was heißt 'toll' auf englisch, W?"

Smashing, darling, smashing. Du kannst auch "super" sagen, *sjú–p(e)*. Am liebsten wäre mir allerdings, wenn Du sagen würdest: ·Same here·, etwa: so fühl ich auch!

"I think I'll have another *métrios*, Doubleyou."

Mehr ist wohl aus Dir nicht herauszukriegen, Geliebte?

"Wie heißt das auf englisch, 'etwas aus einem herauskriegen', Doubleyou dear?"

Very simple: to get something out of someone. Man kann auch sagen: to worm something out of someone, etwas aus jemandem "herauswurmen", aus der Nase ziehen. Nun, wie steht es damit, darling?

"Womit?"

Never mind, Quindici.

ATHENS

How to Pronounce "Swordfish"

Weißt Du eigentlich, daß die Dinger ursprünglich *bunt* waren?

"Sag nicht 'Dinger' zur Akropolis, Doubleyou!"

Well then, did you know that these majestic, fantastic temples were originally painted yellow, red and blue –

"Aber schön sind sie immer noch!"

Sehr schön sogar, vielleicht heute sogar noch schöner als damals. Merkwürdig, das alles jetzt lebendig vor sich zu sehen, "live" so to speak – ˙*laiv*˙, Doosie, nicht Dein falsches deutsches Fernseh-*laiff*! Ja, lebendig vor sich zu sehen, wo ich doch das alles schon auswendig kann, by heart.

I had to do a huge drawing-Zeichnung of the Acropolis at school, poster size, with all the temples and colonnades in true perspective, reconstructed, after a small illustration Balduin had given me. Du weißt, Balduin, mein Griechischlehrer, der mit der Gänsefeder und dem Parteiabzeichen.

Ich war gerade in der Pubertät, folglich sehr schlecht in Griechisch und hatte mich freiwillig für die Anfertigung dieses Akropolis-Kartons gemeldet, to ˙make up for˙ my bad marks in Greek, um meine schlechten

Noten auszugleichen. Dieser Zeichnungstrick hat mir übrigens mein ganzes Leben lang geholfen, vor allem unbarmherzigen Arbeitgebern gegenüber, vis-à-vis ruthless employers, portraying their ghastly children and sending them "tasteful" handmade X-mas cards.

Nun gut, ich zeichnete erst einmal den Akropolis-Hügel, auf dem wir stehen, dann auf dem Hügel vorn die Propyläen – hinter Dir, Du kannst sie von hier aus nur teilweise sehen. Dann links wie auch jetzt das Erechtheion mit den ebenso berühmten wie herrlichen Karyatiden, those columns in the form of graceful young women. The ones we see there are modern copies, the originals standing in the museum to your left, because of pollution, Umweltverschmutzung. Dann weiter rechts malte ich das Parthenon, jetzt gerade vor uns, dieses phantastische Säulenmassiv, und weiter links – sorry, Doosie, ich kann nur "rechts" und "links" sagen; östlich, westlich, nördlich usw. ist mir zu hoch, 'it's above me'. You can also say: 'it's beyond me'.

"Was war 'weiter links', Doubleyou?"

Weiß nicht, I forget. Vielleicht war's dieses unscheinbare Gebäude links von uns, übrigens das berühmte Akropolismuseum, three asterisks, in das wir *nicht* hineingehen werden, wir haben die bedeutendsten Skulpturenschätze der Akropolis ja bereits in London gesehen, the Elgin Marbles, remember?

Balduin gab mir tatsächlich eine "Drei plus" in Griechisch, vielleicht auch deshalb, weil ich in die leeren Giebeldreiecke des Parthenon (die hatte ja dieser Earl of

Elgin ausgeräubert) – nun, ich hatte meine Phantasie spielen lassen, I had given full play to my imagination, und hatte in diese Leerräume preußische Adler hineingemalt, weil doch Berlin zu jener Zeit als "Spree-Athen" bekannt und die Deutschen, wie wir gelernt hatten, die "Griechen des Nordens" waren.

Balduin was delighted, especially at the Prussian eagles. Well, Doosie, that was our so-called classical education. Da fällt mir übrigens etwas ein, das ich Dir schon vorher hätte sagen sollen: Wie würdest Du "ich hatte mich freiwillig für diese Zeichnung gemeldet" – wie würdest Du das *elegant* übersetzen? Wenn Du das kannst, stehle ich eine Karyatide für Dich.

"I had voluntarily -- "

Nein, Doosie, "I had ·volunteered· to do that drawing"; to volunteer: ein Insider-Wort, Betonung auf -teer.

"Also krieg ich keine Karyatide?"

Also kriegst Du keine, Geliebte. Good heavens, großer Gott, all these tourists around us, ·they're driving me mad·.

"Doubleyou, wir sind *auch* Touristen."

Da hast Du etwas sehr Kluges gesagt, Doosie, and I'm not ironical. In Anerkennung dieser Tatsache, in recognition of this fact, darfst Du den Satz "Wir sind *auch* Touristen" dreimal sagen: einmal mit "also", einmal mit "too", und einmal mit "as well".

"Doubleyou, we're *also* tourists. We, *too,* are tourists. We're tourists *as well*."

Perfect, Doosie, perfect!

"Krieg ich jetzt eine Karyatide?"

Don't ˙nag˙ at me, darling, löchere mich nicht (wobei ich allerdings "löchern" ein reizenderes Wort finde als "nag", but that's perhaps a matter of taste). Anyway, let's celebrate your perfect "auch" with a perfect lunch in a perfect restaurant: the Dionyssos on the famous Lykabettos hill, a ˙swish˙ or ˙posh˙ place. (We can afford it.) From that hill you'll have a stunning (ravishing, fantastic) – a stunning view of Athens from afar, von ferne. Aus größerer Nähe besehen ist Athen nämlich ehrlich gesagt, frankly, eine der schlimmsten europäischen Städte, die ich kenne – bis auf die Akropolis natürlich, ˙save˙ the Acropolis. Der Lärm in den Straßen! Das Gedränge! Der Benzingestank! "Elegant, serene, immaculate – Athens is none of these." (First sentence in a well-known American guidebook. Schlimmer kann man's wohl nicht sagen.)

Nur hinaus und hinauf auf den Lykabettoshügel! The Dionyssos restaurant is renowned (famous) for its swordfish fillet, *fillit*, Schwertfischfilet – the mere thought of it ˙makes my mouth water˙. Bei diesem Schwertfisch aber bitte "sword" wie *sso–d* aussprechen. I'm sure you'll find it *dilísch(e)s*. For dessert I'll have a "chalvás" (in English: halva), white nougat made of honey and peanuts or almonds, *á–m(e)ndz*, Mandeln, a kind of "Türkischer Honig", ˙if you know what I mean˙. Very sweet, super!

"Ghastly!"

Dann eß ich's eben alleine auf. I love the stuff, like Dr Oetker's Götterspeise. Aber ich hoffe, Du hast nichts gegen – you won't ·object to· – einen "ouso", ein schönes Anis-Schnäpschen, and after that a "demestika" to go with our swordfish, a lovely white wine. Say *wain*, Doosie, *Wait Wain*!

"Ich denke ja gar nicht daran – ·nothing doing·, bitte merken, Insider-Wort!"

All right, Doosie, please yourself, wie Du willst. Nach dem Essen sollten wir eigentlich wieder an die Arbeit gehen, ins Archäologische Nationalmuseum, das größte Antikenmuseum der Welt. To tell you the truth, I would be quite happy if it were a little smaller, the collection of Greek vases, for instance, is simply ·daunting·, abschreckend: it's too big for people like you and me. Remember that small but select vase collection we saw in Berlin?

Wir müssen da nicht hingehen, Doosie, we mustn't go there. Hast Du meinen groben Schnitzer gemerkt, my *hau*-howler? "We mustn't go there" bedeutet ja: Wir *dürfen* da nicht hingehen; aber über solche Elementarfehler bist Du wohl sicher erhaben, you're above that.

Instead of visiting that enormous museum I suggest a nice little siesta after our *ssó–d*fish, in our hotel on pompous Syntagma Square. In this loud and messy town I've booked the very best hotel for us, King George; ·we can aff–

"Nein, Doubleyou! Nicht schon wieder!"

P.S.

Sorry, Doosie, um ein ganz klein bißchen Wiederholung kommst Du vor unserer Siesta nun doch nicht herum, you won't ˙get round it˙; but I'll make things exceptionally easy for you, and brief, *bri–f* (short):

1. "to make up for" (for my bad marks in Greek) bedeutet . . . . . . kompensieren, aufbessern.

2. "to volunteer to do something" . . . . . . freiwillig etwas tun wollen, sich freiwillig dazu erbieten.

3. "I hope you won't object to an 'ouso'." Was bedeutet "object to"? . . . . . . dagegen sein.

4. "Das ist mir zu hoch." . . . . . . It's above me (or: beyond me).

5. War doch *bri–f,* oder? The rest of the page is reserved for a ˙doodle˙ of yours, *du–dl,* Gekritzel, Männchenmalen. Wahlweise, alternatively (Betonung auf -ter-), wahlweise darfst Du auch unsere Koffer packen.

She could have been yours...

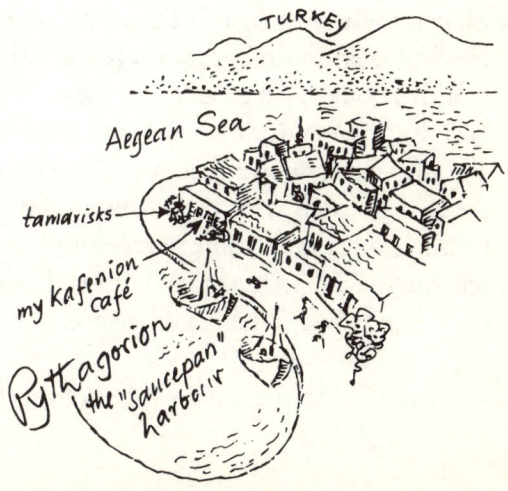

Swordfish at the "Dionyssos"

TURKEY

Aegean Sea

tamarisks

my kafenion café

Pythagorion
the "saucepan" harbour

JERUSALEM

Hearing the Clock Tick

Weißt Du, was mich so rührt, hier vor der Klagemauer, the Wailing Wall? What moves me so deeply is the fact that this is nothing but a wall; just a very old and very high wall over which once stood the Jewish temple. There are no ornaments here, no sculptures, no pictures, no nothing. "Du sollst Dir kein Bildnis noch irgendein Gleichnis machen, weder von dem, was oben im Himmel ... Thou shalt not make unto thee any graven image, or any likeness of any thing that is in heaven above ..."

Betende Menschen, people praying, vor einer kahlen Mauer: this is the religion of the Word and nothing but the Word. The heart of the synagogue is the Torah, the first five books of the Bible: the Word. And so it has been for thousands of years. Da kommt man sich fast wie ein Verräter vor, a traitor, ein Abtrünniger, a renegade, *rénn-*, daß man diese tausendjährige Tradition gebrochen hat und zum Christentum übergetreten ist. Ich weiß nicht, vielleicht sollte man da ein schlechtes Gewissen haben, a guilty conscience.

"The – the – the –"

Nein, Doosie, nicht *thö – thö – thö* sagen, das klingt

schrecklich deutsch. Sag *thi – thi – thi*, dann wird fließendes Englisch draus, die Engländer stottern ja gerne, they love to stutter.

"*Thi – thi –* Jews, what *are* they really, Doubleyou, a religion, or a – a –"

Doosie! Nicht *ä – ä*, sondern *ei – ei*, just stutter in the Queen's English, please.

"Also ich meine: Was *sind* die Juden eigentlich, eine Religionsgemeinschaft, ein Volk, eine Rasse oder was?"

Here in Israel they are certainly a people, ein Volk. Übrigens ein überraschend orientalisch wirkendes Volk. But the Jews at large (in general), at least for the last two thousand years or so, have been less a "people" than a "Schicksalsgemeinschaft" – schwer zu übersetzen; perhaps: a community bound together by a common history – which is mostly a history of persecution, Verfolgung. Viele bejahen diese Schicksalsgemeinschaft, indem sie an ihrer jüdischen Religion festhalten oder Zionisten sind – oder beides. Andere wollen von dieser Schicksalsgemeinschaft loskommen, by assimilating to the community in which they live – German, French, British or simply European or American, living just like everybody else, and forgetting about their Jewish religion or even becoming Christians like Disraeli, Marx and Heinrich Heine – which may be one way of solving, lösen, the Jewish problem.

"Aber fühlst Du Dich mit diesen Leuten hier nicht irgendwie verwandt, fast wie ein Bruder?"

Kaum, ˙hardly˙. Vielleicht deshalb, weil die orientalischen Juden in Israel in der Mehrheit sind – Juden aus Asien und Afrika. Die alten westeuropäischen Emigranten gibt es hier kaum mehr. Rather than with the Israelis I have a feeling of kinship (close relationship) with Jews in Europe and America, particularly with strongly assimilated Jews.

"Und warum, Doubleyou, sind die Juden, auch die assimilierten, eigentlich immer ein bißchen klüger als wir anderen?"

Doosie, bitte übersetze mal: "Sie sind nicht klüger."

"They aren't more intelligent – was soll das?"

Besseres Englisch, Doosie, wäre wohl: "I don't think they're more intelligent." Diese etwas bescheidenere "Subjektivierung", *glaube ich*, I think, bürgert sich ja auch mehr und mehr im Deutschen ein.

But to answer your question: Frankly, I don't think the Jews are more intelligent than others. But ˙owing to˙ (˙due to˙, because of) – owing to their persecution and alienation over thousands of years, durch ihre Verfolgung und Entfremdung sind sie ein bißchen *wacher* geworden als andere, a little more ˙wide-awake˙. Als Fremde in einem fremden Land *sehen* sie einfach mehr als andere. Wenn Du bei Fremden oder auch bei Freunden bist, hörst Du in ihrem Haus die Uhr ticken, die sie selber nicht mehr hören. The Jews hear the clock tick, that's all. They are like other people, only more so. Which is one of the reasons for anti-Semitism.

Na, Doosie, laß uns nicht tiefsinnig werden. Aber ich muß Dir zum Thema Juden vor dieser Klagemauer noch etwas erzählen, was mir einmal ein frommer Londoner Jude im Spaß gesagt hat:

The tragedy of the Jewish people, he said, started when we fled, flohen, from Egypt, *i-djipt*, and tried to cross the Red Sea. As everybody knows, he said, the waters were divided and, as the Bible has it, "the children of Israel went into the midst of the sea upon the dry ground". That's where the Jewish tragedy started, he said: any decent people would have drowned – jedes anständige Volk wäre ersoffen.

Nichts als ein Witz natürlich, aber voll jüdischer Weisheit – wisdom, *wízd(e)m*: sehr weich und weise auszusprechen.

What next? Den prunkvollen Felsendom über der kargen Klagemauer, eine herrliche Moschee, im Volksmund fälschlich "Omar-Moschee" genannt, die können wir uns für später aufsparen, es wird hier im Freien wirklich zu heiß. Lieber jetzt nach links, in die schattigen Basarstraßen der Altstadt – arabisch, jüdisch, armenisch. Sehr überschaubar, dieser Basar. Die ganze Altstadt ist ja kaum einen Quadratkilometer groß, much less than one square mile, almost one quarter of which is the ˙site˙ (Gelände!) of the Mosque of Omar, *mosk*, Moschee, originally the place of the Jewish temple.

Via Dolorosa. I'm sure you expected something more "solemn", feierlich, than this bazaar with ˙no end of˙ souvenirs and a smell of garlic, Knoblauch. Auch ich war enttäuscht, disappointed, als ich diese heilige Straße vor zwei Jahren entlangging, mit Marianne.

Marianne war die Tochter eines jüdischen Bankers in Berlin-Grunewald. Wir waren enge Freunde, "platonisch" natürlich: We were both nineteen, which in those days was very young. Alle zwei Wochen besuchte ich sie, wir saßen in ihrem eigenen Wohnzimmer in der Villa ihrer Eltern, neben ihrem Schlafzimmer (which I never saw). We sat on Louis-Seize chairs – the sofa remained empty – and talked about art and literature. Do you remember upper-class, attractive and rather conventional Natalia Landauer in the "Cabaret" film? Such was Marianne.

Zur Hitlerzeit, als ich mutterseelenallein in Spanien in siedender Hitze schmutzige Autos in einer noch schmutzigeren Garage wusch, I did something I had never dreamt of before: I wrote her the most passionate love letters I have ever written in my life, and I did so every day. It was *Heimweh*. I think, Doosie, real love is always some sort of Heimweh. ("Homesickness", to me, hasn't got quite the same ·ring·, Klang.)

Marianne antwortete mit keinem Wort auf alle diese Briefe. Mithin bei mir, was man gemeinhein "unglückliche Liebe" nennt, auf englisch: ·unrequited love·, *anrikwaitid*, in my desolate garage. After having written to her every day for four or five months, I eventually got a brief note from her informing me that she was engaged to be married to a *Jew*. ·So much for· me, ungefähr: "damit hatte sie's mir gegeben", mir, dem christlich Getauften. She added that she had become ·aware·, bewußt, of her Jewishness and had turned Zionist, *zai-*.

Vor zwei Jahren sah ich sie wieder. Sie war geschieden, divorced, and lived in an elegant house near the Knesset, the Israeli parliament. There were the Louis-Seize chairs including the sofa, and the old Max Liebermanns on the wall. Marianne, now Miryam, over seventy, was, to me, as attractive as ever, but still as aloof, distanziert, as she had been in my Spanish days. Unrequited love even now? Those feelings had gone: ich hatte kein Heimweh mehr.

Es ist schön, mit Dir hier zu sein, Doosie. Darf ich's noch einmal sagen: Liebe ist eine Art Heimweh. Hier aber ist die Fremde. Laß uns nicht allzulange hierbleiben, so interessant diese Stadt auch ist. Wir können ja an die israelische Mittelmeerküste fahren, nach Natanya zum Beispiel, da kannst Du mitten im Spätherbst baden und Dich sonnen. ·As far as I am concerned· (as for me), I'll always be able to find a café nearby.

Da gehen wir nun auf den Steinen, über die sich Jesus mit dem Kreuz geschleppt haben mag. Die Grabeskirche, hier am Ende der Via Dolorosa, die über dem Grab Christi und über Golgatha errichtet worden sein soll – Wissenschaftler zweifeln heute immer weniger daran –, diese Kirche ist inwendig ein furchtbares Durcheinander, a terrible mess. Let's go inside and see the ·hotchpotch· (jumble, confusion) of all the different Christian denominations (confessions) and the ·mishmash· of styles, chapels, sections. Pity. The church was certainly more beautiful when first built by the crusaders, Kreuzfahrer.

Zurück zum Jaffa-Tor, damit wir die phantastische Stadtmauer bewundern können, die die ganze Altstadt umgibt und teilweise auf Herodes zurückgeht (dating back to...). And then let's go to the Mount of Olives, zu dem gegenüberliegenden Ölberg, with its gorgeous view of the "holy city" – holy to Christians, Jews and Moslems alike. That view! The old town, the wall, and the dominating golden dome of the Mosque of Omar. Marianne told me that a Swiss company had made the dome of thousands of golden sheets, and that none of them has yet been paid...

"Echt Gold, W?"

Well, Doosie, there is a proverb in English as well as in German: "All that glitters is not gold."

"Also zum Ölberg?"

Zum Ölberg, Doosie. If we're lucky, we'll find a restaurant on our way.

"Doubleyou, was sagst Du eigentlich zu den Juden und Arabern, ich meine zu den Palästinensern und der PLO?"

Ach, Doosie, vor dieser Gretchenfrage habe ich die ganze Zeit Angst gehabt. I think *both* are right, the Palestinians and the Jews. And where both are right, then – well, then I'm a Jew. Gott sei Dank, hier ist ein Restaurant!

P.S.

May I ask you one or two questions while you are sunning on this beach in Natanya, ·tanning·, "braun brennend", in the summer heat of mid-October? I should like to have some verbs from you, *vö–bz*. That's all.

1. rühren, im Sinne von "zu Herzen gehen". The fact that there was no ornament nor any sculpture or flower on the Wailing Wall *touched* me. But I used another word.

2. beten. We saw Jews doing that at the Wailing Wall.

3. ertrinken. There was that London Jew joking about the "tragedy" of the children of Israel crossing the Red Sea without *going under*. But I used another word.

4. hinzufügen, weiterhin sagen oder schreiben. I bet, ich wette, Du hast darüber hinweggelesen. Sehr häufiges englisches Wort. Marianne . . .ed (sie sagte noch) that she had become aware of her Jewishness.

5. sich einer Sache bewußt werden. You may gather this from the preceding paragraph – entschuldige, daß ich mich so schwer verständlich ausdrücke, it's ·deliberate·.

Shall I tell you a Jewish joke to distract, ablenken, your attention from the answers?

Der Witz will die Bedeutung des Dir sicher bekannten jiddischen Wortes "Chuzpe" erklären, in English "chutzpah" (Aussprache dieselbe), eine besonders dreiste Art von Frechheit, impertinence, oder Unverfrorenheit, ·cheek·.

Well then: A Jewish boy aged twelve had killed his father and his mother. He was then tried, vor Gericht gestellt – tried for murder. At the end of the trial the boy pleaded (asked for) mitigating circumstances, mildernde Umstände, "because", he said, "I am now an orphan", Vollwaise.

So much for "chutzpah".

1. move, *mu–v*, genau dasselbe Wort wie für "umziehen" (Wohnung wechseln) und überhaupt für "bewegen". 2. pray. 3. drown, *draun*. 4. add! 5. Kam in Frage Nr. 4 vor: become ·aware· of something. (Übrigens, wenn Du die wichtigsten ·Pünktchenwörter· unserer Reise systematisch wiederholen willst, just reread the questions and answers in all our P.S.'s ... Poor you!)

Let's plan for the next few days, Doosie. Do you want to stay here for another week or so, or shall we visit a kibbutz I know?

Nach Marianne besuchte ich nämlich meinen alten Berliner Klassenkameraden Wittkowsky in seinem Kibbuz Ayeleth Hashahar im Norden Israels, in Upper Galilee. I hadn't seen him for fifty years, he had emigrated to Palestine in the thirties and had helped build up the kibbutz, starting from nothing, ·from scratch·.

Die Einfahrt in diesen Kibbuz war ein wirkliches Erlebnis, quite an experience. For two hours or so – it takes little more than four hours to travel across the whole of Israel! – well, for two hours or so the bus from Jerusalem had travelled through arid (dry, sterile) land until all of a sudden we were amid green fields, flowering trees, an alley with tennis courts to our right and a swimming pool on the left – like a mirage it was, or, to put it more "continentally", like a fata morgana.

Am Ende der Allee stand ein kleiner alter Mann: Wittkowsky, weißhaarig, leicht gebeugt. (Of course, I was still the young man of our school days . . .) Wir umarmten uns wie Brüder nach einer langen Trennung. "Shalom!" Ich war zu Tränen gerührt, moved to tears, den alten Freund wiederzusehen. Tausend Fragen drängten sich mir auf, er beantwortete sie alle: he had been a socialist, and for that reason he had ˙joined˙ the kibbutz, but now he was, frankly, an Israeli nationalist and had no objection to ˙running˙ his kibbutz on capitalist lines, "more or less". The kibbutz was doing fine, he ˙added˙, der Absatz für hier produzierte Baumwolle, Milch und Werkzeugmaschinen sei optimal.

Merkwürdig war, daß er bei all meinen Fragen an ihn keinerlei Fragen an mich stellte und stets das Wort führte. After all, fifty years had passed. Aber dann fiel mir plötzlich etwas ein, was ich schon lange vergessen hatte: Wir waren in der Schule ausgesprochene Konkurrenten gewesen, competitors, *k(e)mpétt-*. Als ich zwölf war, hatte er mir meine erste selbstgereimte Tragödie, "Helena", aus meinem Pult geklaut, ˑpinchedˑ, und lauthals meine schrecklichen Verse auf dem Schulhof im Kreise lachender Klassenkameraden vorgelesen. I had asked him again and again to return "Helena" to me, but I never got it back. Then, in later school years, he had constantly ˑbulliedˑ me (showed his superiority) with his complicated Leninist-Trotzkyist jargon, *djá–g(e)n,* calling me a "bloody bourgeois". As a matter of fact, I suddenly ˑrealizedˑ, es ging mir plötzlich auf – I ˑrealizedˑ in a kibbutz in Upper Galilee that Wittkowsky and I had never been friends.

Aber wir können trotzdem dort hinfahren, Doosie, er ist ein freundlicher, wenn auch ein wenig rechthaberischer alter Herr – friendly ˑifˑ opinionated –, und sicher wird er mich um Dich beneiden, envy, *énnvi,* wozu ich nur sagen kann: ˑit serves him rightˑ, recht geschieht's ihm – it serves him bloody well right!

Dort können wir übrigens in dem schönen Kibbuz-Hotel wohnen. Wie diese Menschen mit harter Arbeit aus einer Wüste einen blühenden Garten gemacht haben, das zu sehen ist wirklich ein Erlebnis – wie hieß noch "Erlebnis", Doosie?

"Ich will nicht."

Experience, *ikspí-* . Was willst Du denn, darling?

"It's October, Doubleyou. Ich will –"

Na was denn?

"Ich will nach Haus."

Via Dolorosa

Marianne's Louis-Seize chair

The Wailing Wall

WORPSWEDE

"Same Here"

Before going home, love, let's stay here for one or two days. Hier haben wir uns kennengelernt, remember? It's ˙ages˙ ago, es ist eine Ewigkeit her, since I stayed in this inn, in Worpswede's "Gasthof zur Ausspanne", coming from my Swedish exile to this village for a few weeks' respite, Gnadenfrist, to write a book.

Ich saß auch damals in diesem "Künstlerzimmer" mit Stühlen von Heinrich Vogelers Hand. Nur war ich damals hier allein, writing twenty-four letters to an unknown person I loved. To you.

Wie war das noch? "Real love is always some sort of Heimweh." Dem anderen eine Wohnung sein. Und jetzt sitzt Du neben mir.

Die lieben alten Schmidts sind inzwischen noch ein bißchen älter geworden und bewirtschaften den Gasthof nicht mehr, they don't ˙run˙ it any more. They have leased it, verpachtet, and have built a little house opposite, by the limes (linden trees), where they have two or three very nice rooms to let upstairs (to let: vermieten). Ich hab mit ihnen gesprochen, wir kriegen das schönste Zimmer, holzgetäfelt, direkt unterm Dach, right under the roof. Mit Frühstück.

Brötchen, Geliebte!

Und dazu regnet es auch noch – the ideal weather to stay inside, in the inn, or in a café, or in bed, informing you that a dream has come true.

Sag mal, beruht das auch ein bißchen auf Gegenseitigkeit? Is this ˙mutual˙, *mjú–tschu(e)l*? Schwer auszusprechen. Du kannst es Dir auch leichter machen und das gern gebrauchte ˙same here˙ sagen, etwa: "mir geht's genauso", oder warum nicht etwas wörtlicher: *"hier auch!"* Ich hab Dir das schon einmal aus der Nase zu ziehen versucht, auf Samos war's, aber vergeblich. Wie geht's denn jetzt mit dem "same here"?

"Ich würde schrecklich gern ein bißchen mit Dir spazierengehen, Doubleyou, *wallken*, am liebsten auf den Weyerberg, über den Du damals so schön geschrieben hast."

Ich hab ja nur Rilke zitiert, Quindici, und außerdem finde ich –

"Keine Ausflüchte, Doubleyou. Wie ist es mit dem Weyerberg?"

In this rain?

"I have an umbrella big enough for both of us."

Wenn es so auf einen Regenschirm wie auf ein heimatliches Dach prasselt – das ist schön, wunderschön, wie in den Kindertagen. Oder wie damals im Schlafwagen mit Dir. I must tell you something, Doosie.

It was in August, in Spain, a hundred years ago. The heat was unbearable, unerträglich, while I was working and sweating, *swétt-*, schwitzend, under an oily motorcar in that dirty and noisy garage. I had been working all day there, in that unbearable heat and noise. Suddenly, right under the motorcar, I dropped off – I fell asleep or half asleep, while big black flies crept over my sweaty face. Im Halbschlaf, mit all den Fliegen auf meinem Schweißgesicht, hatte ich nur einen Gedanken: Wenn ich jetzt aufwache, wenn ich jetzt meine Augen öffne, dann war alles nur ein böser Traum, und ich bin wieder zu Hause.

I wasn't, Doosie. But I am now. Ich liebe Dich, Du bist die Heimat. Sorry, I'm getting melodramatic.

"Und wie ist's mit dem Weyerberg, W?"

Mit dem Weyerberg ist's folgendermaßen: Wir gehen jetzt dorthin, *now,* und wenn ich auch tausendmal ein Kaffeehausliterat bin. After that, we'll have a *dilisch(e)s* dinner in this inn, with a bottle of good wine, preferably white. *Wait Wain,* Doosie. And after that, we'll go over to the Schmidts, to our room upstairs, under the roof.

Doosie, ich bin ein alter Mann, 76 wie gesagt. This old man has a funny wish.

"Das wäre, W?"

Tonight, Doosie, when the rain is pattering on the roof and you turn off your bedside lamp – wenn Du die Nachttischlampe ausmachst, weil dieses Buch zu Ende ist, dann möchte ich bei Dir sein, ganz nah.

"Same here, Doubleyou. Und wie ist's nun endlich mit dem Weyerberg?"

am Weyerberg

Wayne Johnston

Die göttlichen Ryans

Roman

Eine Familienkomödie – so traurig wie lustig, dass es kein Leserherz ungerührt lässt: Der kleine Draper Doyle Ryan trauert um seinen Vater, liebt die Hockeymannschaft „Montreal Canadiens" und muss seine erzkatholische Verwandtschaft ertragen. Wayne Johnston zeichnet großartige Charaktere in einer Familie zwischen Sanktuarium und Irrenhaus. Ein wunderbar traurig-heiterer Roman, der anrührt und die Rührung im gleichen Atemzug mit Humor und Witz auflöst.
„Eins von den raren Büchern, über denen man ins Kichern kommt." *Brigitte*

288 Seiten, gebunden

HOFFMANN UND CAMPE

Lebensart und Lifestyle im dtv

Luxus will gelernt sein, ganz ohne Kenntnis der
Produkte, der Marken und Mythen macht er wenig Sinn,
schlimmer noch: wenig Spaß.

Andrea Hurton
Man benimmt sich wieder
Wege zum gesellschaftlichen Erfolg
dtv 12121

C. Bernd Sucher
Hummer, Handkuß, Höflichkeit
Das Handbuch des guten Benehmens
dtv premium 15102

Betty Halbreich
Sally Wadyka
Der Fashion Guide
Geheimtips aus der Modewelt
dtv 20243

Grant McCracken
Big Hair
Der Kult um die Frisur
dtv premium 24110

Hal Rubenstein
Jim Mullen
Auf den Schlips getreten
Was der Mann über Stil wissen muß
dtv 36073

Erhard Gorys
Die Kunst, Zigarre zu rauchen
dtv 36076

Egbert Deekeling
Bernd Mayer
Was sich Frauen wünschen
Eine Orientierungshilfe für Männer mit Schenkblockade
dtv 36080

Eva Gesine Baur
**Feste der Phantasie
Phantastische Feste**
dtv 36101

Horst-Dieter Ebert
Album des Luxus und der Moden
dtv 36125

Egbert Deekeling
Bernd Mayer
Was sich Männer wünschen
Geschenkstrategien für Frauen
dtv 36126

Modernes Leben im dtv

»Und du fragst mich, Arthur: Was soll ich tun?
Und ich sage dir: Lebe wild und gefährlich!«

Regina Barecca
Süß ist die Rache
Von der Lust abzu-
rechnen
dtv premium 24131

Friedhelm Böpple
Ralf Knüfer
Generation XTC
dtv 36055

Nina Gold
Ein Girlie packt aus
Geheime Enthüllungen
eines Teenagers
dtv 20009

Margaret Leroy
**Ich schau dir in die
Augen, Kleiner**
oder warum der erste
Schritt – gar nicht – so
schwer ist
dtv premium 24150

Tara McCarthy
**Mein Prinz wird
kommen**
Noch Jungfrau, na und?
dtv 36081

Andrea Parr
Mythen in Tüten
Der Deal mit den Stars
dtv premium 24106

Jeanne Safer
Kinderlos glücklich
Wenn Frauen keine
Mütter sind
dtv 36051

Claudia Schreiner
**Wenn Frauen zu viel
arbeiten**
Alles erreicht und nicht
angekommen?
dtv 36116

Tsutomu Shimomura
John Markoff
Data Zone
Die Hackerjagd im Internet
dtv 20086

Sabine Werz
**Beste Freundin,
beste Feindin**
Ein Zickengesang auf die
Frauenfreundschaft
dtv premium 24118

dtv